やりたいことを全部やる!
メモ術

臼井由妃

JN228616

日経ビジネス人文庫

はじめに◎「書き出す」ことで自由を手に入れる！

今、あなたを不自由にしているものはなんですか？

いろいろなものが考えられるでしょうが、大きくは時間、人間関係、お金、モノの4つに集約できるはずです。

どれも整理が難しいものですね。でも大丈夫、「書き出す」ことでスッキリできます。

「メモ術」と冠している本書は、単なる「メモの書き方の指南書」ではありません。「書き出す」ことでムダをあぶり出し、余計なものを「捨て去り」、本来の目標や夢に「集中」して、それを実現していくための本です。

「①書き出す→②捨てる→③集中する」という3段階方式で、自分を不自由にしているものから自由になって、「やりたいことを全部やる！」。

仕事や趣味、勉強、プライベートの楽しみ……。これまでやりたいけれど我慢していたり諦めていたりしたことを、実現するための本です。

そういった意味では、本書は「書き出し整理術」ともいえます。

それは20年以上、成果を出し続けているメソッドであり、このメモ術を実践した方からは、

「思考が整理され、時間が生まれやりたいことができた」

「面倒な人たちと離れ、のびのびと仕事をしている」

「お金の悩みから解放され、やりたいことを思う存分やっている」

「職場も家もスッキリし、仕事も子育てもうまくいくようになった」

というような、うれしいお声をいただいています。

これまで、セミナーや講演会など限られた場でしかお教えしていなかった「メモ術」。

しかし前著『やりたいことを全部やる！時間術』（日本経済新聞出版社）がベストセラーとなって、多くの読者から「やりたいことがあるのに時間が足りない」「家族に反対されている」「お金がない」など、「やりたいことがあるのに何らかの理由で実現できない」というお声をいただくようになりました。

その悩みを解決するには、「私のメモ術」をお話しするのが一番だと考えたのです。

本書は『やりたいことを全部やる！時間術』の実践版。試行錯誤しながら成果をあげた私の体験やしくじってしまったことも、たくさん入っています。

書き出し（メモ術）は私にとって人生の「相棒」です。「メモ」がなくては、今の仕事や大切な人、快適な環境などを得ることはできなかったでしょう。


さらに、「メモ」にはもうひとつ大事な側面があります。

それは、アイデアやお金、チャンス、出会い、運を運んできてくれるというポジティブな効果です。これらについても、もちろん丁寧にお話ししています。


「やりたいことがあるのに、実現できない」という方。

「豊かでワクワクした人生を歩みたい」という方。

そんなあなたに、本書を読んでいただきたいのです。

「メモ」を活用することで、「やりたいことを全部やる！」人生がきっと叶います。

２０１９年８月

臼井由妃

やりたいことを全部やる！メモ術　目次

序章

「メモ」で人生のムダをあぶり出す

「①書き出す→②捨てる→③集中する」

第1章 時間を牛耳る人になる

カギは分割と集中

第2章

「やりたいこと」に最短距離で届く人づき合い

人間関係も「メモして捨てる」が基本

第3章 〝資本家思考〟を持てばお金から自由になれる

夢を実現する原資

第4章 モノに縛られない人生
目的や幸せにつながるモノしか置かない

序章

「メモ」で人生のムダをあぶり出す

「①書き出す→②捨てる→③集中する」

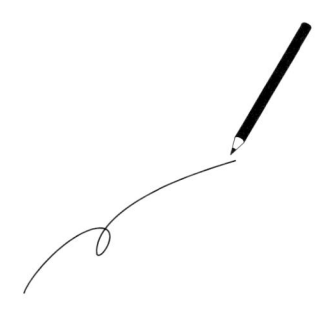

効率よりも効果主義で！

本書を手に取った皆さんは、「やりたいこと」がたくさんある、好奇心いっぱいで意欲的な方でしょう。

仕事でもプライベートでも、興味のあることに何でもチャレンジしたい。できればスピーディに一気に実現したい。

でも、時間に追われてなかなかできない……そうした方が多いはずです。

かつての私もそうでした。睡眠や人づき合いなどを削り時間を捻出し、効率よく挑めば、「やりたいことが一度に全部できる！」と信じていました。

結果、どれも中途半端。

かけた時間と労力に見合う効果を得ることができなかったばかりか、心身を病み仕事を休まざるを得ない事態になりました。

そこで気がついたのです。

一度に何でもやろうとするのは、自己分析ができていない証拠。

まずは自分が時間をとられているもの＝「自分を不自由にしているもの」を書き出して、やらなくてもいいことはどんどん捨てていく。

そして「残った物事に集中して挑めばいい」と。

自己分析をしながら進んでいけば、無理なスケジューリングで悲鳴をあげることはなくなり、ストレスで心身を追い込む「マイナスの状況」から脱出できます。

私たちが考えるべきことは効果であって、〝一気に〟という効率ではありません。効率よりも効果を考える。回り道のように思えますが、最終的には時間や労力、お金、モノのムダを省き、短期間で最高の成果を導くカギになります。

「何でも一度にやりたがり屋」は返上して、まずはやらなくてもいいことをどんどん捨てていきましょう。そのためのカギとなるのが「書き出す」作業、メモ術です。

自分を不自由にしているモノを明確にする。

メモは「整理」の行動指針

書き出すこと（メモ術）は、単に情報を記録することではありません。その情報から何らかの意味を見出し、行動するための指針を見つけるという行為です。

ここで必要になるのが、「①書き出す→②捨てる→③集中する」の3段階です。

①今抱えている、あなたを悩ませているモノを思いついた順に5つ書き出す

自分にしかできないことと、誰かにスイッチできることを仕分けするためです。

②やらなくてもいいことを捨てる

緊急度と重要度を考えながら、今やらなくてもいいことを捨てていきます。

③残った物事に集中する

それは、あなたが必要としていることに他なりません。

この3段階を踏んでいけば、自分を悩ましている物事が明確になり、無意識にやっているけれど意味を持たないことや、本当はやりたくないけれど慣例や評判を気にしてかかわってきたことなど、やらなくてもいいことがあぶり出されます。

そこに費やしていた時間と労力を見直すことで「自由な時間」が生まれ、あなたが本当にやるべきこと、やりたいことを実践する余裕が生まれます。

裏を返せば、メモ術とは、やりたくないことをすべてやめるための第一歩でもあるのです。

「やりたくないことをすべてやめるなんて絶対にムリ！」

「それって、現実逃避じゃないの？」

そう思う方もいるでしょう。

しかし、私はこの3段階方式で「やりたくないことをすべてやめる」道を選んできましたが、この30年、仕事に支障をきたすことはなく、人間関係で気まずい思いをしたこともありません。

「無責任だ」と非難されたことも一度もありません。

自由な時間が生まれただけでなく、やりたいことに力を貸してくれる人物が現れたり、環境が整ったり、いいことがたくさん起こりました。

「①書き出す↓②捨てる↓③集中する」の3段階は、夢実現の行動指針。

どう書き出したら、より早く夢に到達できるのか。

詳しくは本編で明らかにしていきます。

「①書き出す↓②捨てる↓③集中する」

書き出してから4つに仕分け

「①書き出す→②捨てる→③集中する」の3段階方式の実践法を説明しましょう。

やり方はカンタン。まず、今あなたが抱えているものを頭に浮かんだ順に5つ書き出します（第1章以降では「時間・人間関係・お金・モノ」の4つのテーマごとに書き出していきますが、ここでは大づかみに「今あなたが抱えているもの」とします）。

その中で、明らかにあなたがやらなくてもいいこと、誰かに依頼できることがあれば、この段階で省いていきましょう。

残った事柄の中で、緊急度と重要度を指標にして4つに仕分けします。

①緊急かつ重要なこと＝何が何でもやる
②重要なことだが緊急度はないこと＝今やる必要性は低いが、投資効果は高い
③緊急度は高いが重要ではないこと＝重要でも、やってはいけないことがある

④緊急度も重要度も見いだせないこと＝やってはいけない

ここで、「今抱えているものリスト」から私が仕分けしたものをご紹介します（2019年7月10日作成）。

①緊急かつ重要なこと＝本書の執筆、多くの方に読んでもらえる術を徹底的に考える
②重要なことだが緊急度はないこと＝プロフィール写真の撮影、次回作の情報整理
③緊急度は高いが重要ではないこと＝友人の誕生日プレゼントの手配、恒例になっているビジネスランチの予約
④緊急度も重要度も見いだせないこと＝なんとなく続いている仲間の会、マンション理事会の集まり（実態は単なる飲み会）

④は、迷いなく捨てます。それをするのは時間や労力やお金などのムダ遣いにしかならないからです。③と②は、緊急度を冷静に見極め、時期を決めてやる、必要であれば誰かにお願いします。ちなみに、『7つの習慣』（スティーブン・R・コヴィー）では②を重要視しています。

優先順位をつけるときには、緊急度と重要度をセットにしてムダかどうかを仕分け

図序−1

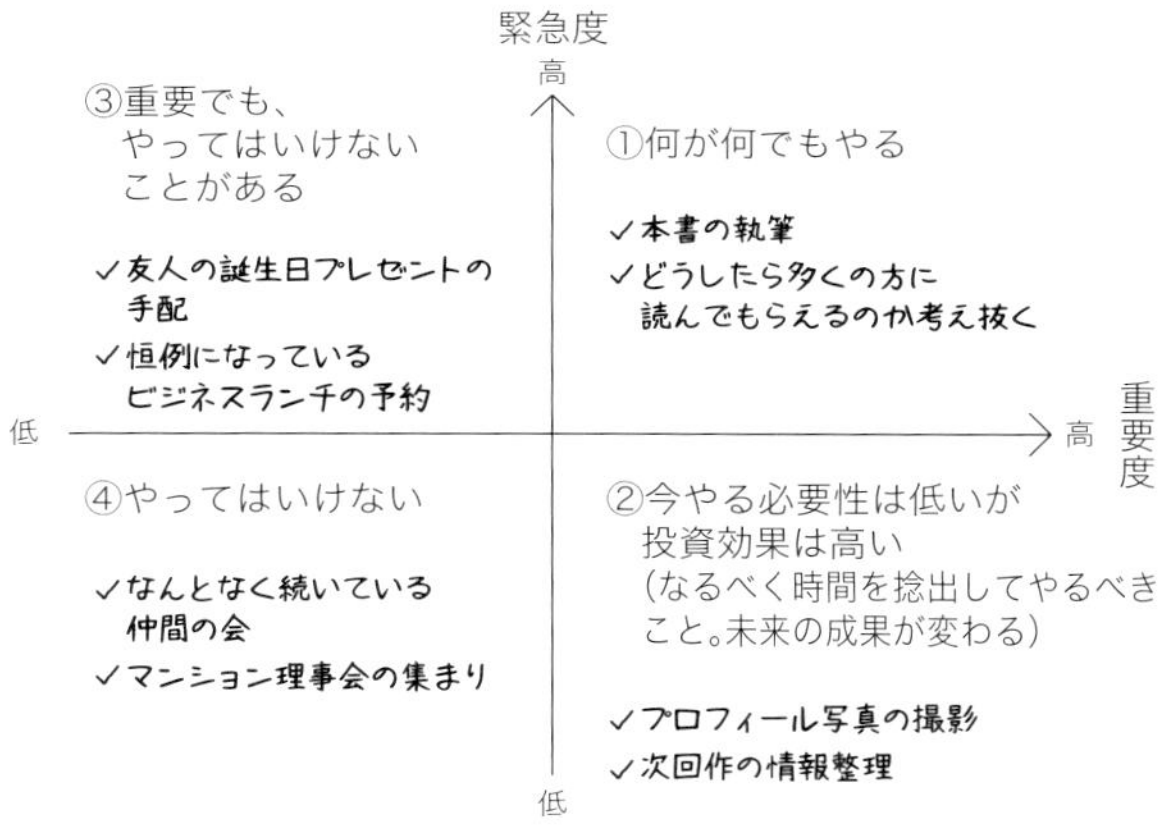

緊急度
高
低
重要度
高
低
①何が何でもやる
✓本書の執筆
✓どうしたら多くの方に読んでもらえるのか考え抜く
②今やる必要性は低いが投資効果は高い（なるべく時間を捻出してやるべきこと。未来の成果が変わる）
✓プロフィール写真の撮影
✓次回作の情報整理
③重要でも、やってはいけないことがある
✓友人の誕生日プレゼントの手配
✓恒例になっているビジネスランチの予約
④やってはいけない
✓なんとなく続いている仲間の会
✓マンション理事会の集まり

しないと、今やらなくてもいいことを背負い込みます。コツは、悩み込まず瞬時に判断すること。テンポよく捨てましょう。

リストに残すのは緊急かつ重要なことだけです。

残った物事は、今のあなたに本当に必要なことですから、集中して取り組むのです。

声にして自分を奮い立たせて取り組むのもいいでしょう。

私でしたら、「本書を執筆する」といった後に、「それはいつまでに？」と自問して、「2019年7月19日まで、いいですね？　由妃さん約束しましたよ」と自分にアポイントを入れるように、決意を表明します。

書店に本書が並んでいる姿や、「自由な時間が生まれた」「人間関係のストレスがなくなった」といった読者の喜びの声、「どんなメモ帳を持ち歩いているんですか？」「メモを見せていただけませんか？」等々質問攻めに合う自分の姿もイメージします。

すると「やりたいことの実現」を邪魔するモノも見えてきます。

用もないのに電話をしてくる友人、興味がないことは知っているのに誘ってくる勉強会主催者、定期的にかかってくる勧誘の電話、知らない人からＳＮＳを介して届くメッセージ、使いにくいマウス、ドライアイ……。

それらを捨てるか、改善すれば「やりたいことの実現」は叶ったようなものです。

私自身の例で説明しましたが、あなたの周囲も「やりたいことを邪魔するモノ」だらけのはず。その一番手は、「何となく・無意識に・慣例で」あなた自身がつくり出しているものです。

邪魔モノとはサッサと縁を切る。

書き出すことは手段。目的ではない

書き出すという行為（メモ術）は、誰もが抱えている仕事や人づき合いのストレス、プライベートの悩みから自らを解放して、思考と行動を自由にさせるひとつの手段です。

アタマを整理し、脳の生産性をあげて、行動する土台を固めるために、欠かせない方法ということもできます。

見聞きしたものを何となくメモしていることとは、意味合いが異なります。

書き出しは、努力してするものではありません。

イヤイヤ書き出していると、本来の効果を得ることはできないのです。

自信がない方は、書き出したくなる仕掛けをしましょう。持っているだけでテンションが上がるペンやノートを選ぶところから始めてもいいでしょう。

すると、だんだん「書き出す」ことが楽しくなります。

「つまらないことにとらわれている自分」が明確になり、それらを捨ててもデメリットなどないことが理解でき、捨てる行動に走ります。

「書き出したくなる」仕掛けをしよう。

付箋にメモで労力カット

書き出したくなる仕掛けについて、私の体験からお話ししましょう。

私は幼いときから書くことが好きで、小学5年生になる頃には日記や自由研究ノート、読書感想文、作文、手紙、詩、短歌、小説、キャッチフレーズのようなものまであらゆることを書いていました。

振り返れば今、メモに魅了されている原点がそこにあったのです。

その目的はどうであれ当時、下書きは画用紙やキャンパスノート、銀行が顧客用に配付していたメモ帳、広告の裏など、書き込めるスペースがあれば自由に書いていました。形にとらわれずとにかく書くというスタンスでしたから、驚くような表現も生まれて、あの想像力が今あればとも思います。

その後も、走り書きやメモはノートに頻繁にしていましたが、手帳を使うようになったのは、33歳で病身の夫に代わって経営者となってからです。

短大を卒業してから、定職につかずフリーターだった私にとって、手帳との出合いは衝撃でした。

経営者なのだから、ある程度高価でたくさん書き込めるシステム手帳がふさわしいと選んだのですが、ビジネスの経験がないため、どう書き込んでいいのか見当もつかず、とりあえずプライベートの予定から月間カレンダーに記入。

その後、得意先と約束をすると、時間、相手のフルネーム、目的を書き込むぐらいで、有り余るスペースを見つめてため息をついていました。

不思議なもので人はスペースがあると、書き込む。

スケジュールや気づきを詰め込まなくてはいけないと思うのです。

そこで、「月末までには、〇〇を達成する」「一度の受験で〇〇の資格を取得する」「苦手な経理業務を〇月〇日までに理解する」など、自分との約束をシステム手帳にガンガン書き込んでいきました。

書き込むうちに、余白がなくなり、用紙を追加。システム手帳は膨らんで、原形をとどめないほどになりました。そこでやっと気づいたのです。

システム手帳は定期的に見直し、使用済みのリフィルを選別する作業が必要だと。

でも、そんな時間や労力は使いたくない。

当たり前のように用紙を追加したり削除したりするのではダメだ。

そこで目をつけたのが、短冊のような長方形（75ミリ×25ミリ）の付箋です。

書き切れないことは、付箋にメモをしてページに貼ればいい。付箋はかさばらないですし、事が済んだら捨てるのも簡単。目標や期限の訂正が生じれば、貼り直せます。

そうして大きさや色、形、デザインの異なるさまざまな付箋を使うようになりました。

付箋にメモをするのは、自分の予定やスケジュールだけではありません。

ちょっとしたプレゼントにひと言添える。

あとから帰る同僚に「お疲れ様です」とひと言残す。

そうした相手とのコミュニケーションにも使えます。

手帳に書き切れないことは付箋を活用。

図序-2　付箋を使えばスムーズ

9月30日新刊3万部突破、　ありがとうございます！
月
火
水
木
金
土
日
仕事がはかどる秋
さらに積極的に行動!!
To Doも
付箋にメモ
講演エージェント
○○社へも働きかける
プロフィール持参
朝イチ　雑誌J氏とMTG
今回は絶対に落とす!!
スケジュール
1週間前にNGなら×にする
3万部だ!
お礼メルマガ配信
付箋で
スケジュール変更にも
臨機応変に対応
相手との
ちょっとした
コミュニケーション
にも

大小のノートを使い分ける

執筆業になり、日々の書くべきことが増えてきてからは、「システム手帳と付箋」のコンビではなく「スマホ＋ノートやメモ帳と付箋」に変わりました。

これまでなんとなく「手帳を持ち歩く」ことにこだわっていましたが、7年前にシステム手帳をやめ、スケジュール管理はグーグルカレンダー中心にしたのです。

そうはいっても、アナログの筆記具にこだわりたい。

スマホのメモは電池容量がゼロになれば見ることも書くこともできませんが、アナログならいつでも取り出して使えます。

ということで、今好んで持ち歩いているのはゴールドのノート。日本の文具ブランド「デルフォニックス」製で、表紙がゴールドに輝いている「リング式の切り離しミシン目つきノート」です。

会議や打ち合わせなど、じっくりメモを書ける状況では、Ａ４サイズのＬサイズ。
新幹線や車など移動中に、座ってメモを書ける状況には、ひと回り小さいＭサイズ。
混んだ電車や人混みの中でサッとメモをするのならば、ミニサイズ。

こう使い分けています。

また、チェックリスト型付箋（50ミリ×15ミリ）や伝言メモ型付箋（75ミリ×60ミリ）も携帯しています。システム手帳にあれこれ書き留めるのが好きな人は多いと思いますが、つくりによってページが制限されます。そこにストレスや不自由さを感じるのならば、ノートと付箋を使うことをおすすめします。

昨今は、書く欄が細分化されている手帳が人気ですが、私は好みません。決まった欄を埋めなければいけない、書かされている感覚になって食指が動かないのです。

書きたいことがあるから書く。書きたいことを自由に書ける。

書きたくなるツールがある。それが手帳やノート、メモの神髄です。

自分好みのツールに自由に書こう。

メモに接触する時間を増やす

メモで理想の生活を手にするプロセスは第1章以降で詳しくお話ししていきます。ここではもう少し「メモ」の効用やメモするコツについて説明しましょう。

メモをする上で大切なのは「とにかく書く」こと。これに尽きます。

そのためには2つのポイントがあります。

①いつでもメモできる環境を整える

好みのノートやメモ帳、付箋、書きやすい手になじむペンを用意したり、メモアプリやレコーダーなどをすぐに使える状態にしておくことです。前述した、書き出したくなる仕掛けづくりとも重なってくることです。

私はデスクにはキャンパスノート、テレビの前には付箋、冷蔵庫には小さめのホワイトボード、ベッドサイドにはメモ帳、トイレには自由帳、外出時はB5サイズのノートを用意。ペンは、長年愛用している0・5ミリの黒ジェルインクボールペンと油性の細字黒サインペンというように、常にメモできる環境をつくっています。

暮らしのすみずみに「メモできる場」をつくると、「ひらめいたら書く」「気づいたら書く」「思い出したら書く」「忘れないように書く」……とにかく書く人になれます。

②迷わず書く

メモは他人に見せるものではありません。自分の思考を整理するために書いたり、やりたいことをとことん書き出したり、やるべきこととやらなくてもいいことを書き分けたりするためのもの。情報や気づき、分析や検証、反省、希望、目標、夢……脳裏をよぎったことは何でも書く。テクニックの問題ではなく、迷わず書く。それがメモです。

ツールによってふさわしい書き方は存在しますが、本当のところメモのルールなどありません。

メモに書き出したキーワードや情報はその時点では単体ですが、メモを続けるうちに、それらが組み合わさってビジネスアイデアが生まれる。

「メモ＋メモ＝2メモ」ではなく、

「メモ×メモ＝∞（無限大）」


というように、想像を超えたアイデアが湧き上がるようになります。

メモに接触する時間を増やしたことで、生き方自体が変わる人もいます。

内向的で人と話をするのが苦手な知人がいました。彼女は話しかけられたら答えることができるのですが、自分から話しかけることができません。そこで、「会話のきっかけになるひと言」を、周囲の人や本を参考にメモし続けていました。そうするうちに、話しかけるネタのストックが増えていき、職場での会話に自信がついたといいます。明るく前向きになって、積極的に発言する人に変わっていったのです。


「メモ＋メモ＝2メモ」ではなく「メモ×メモ＝∞（無限大）」。

メモすることで記憶が定着する

「口を動かすヒマがあるならば、手を動かしなさい」

小さい頃、親御さんからこうたしなめられた経験がある方は多いのではありませんか？

口は滑らかに動く＝おしゃべりは上手なのに、メモは苦手という方もいらっしゃいます。もしあなたがそうした傾向にあるならば、ここで考えてほしいのです。

たとえば昼間、得意先を回ってどんなことを提案して、相手はどんな反応だったのか？

課題や問題点など詰めなければいけないことはあるか？

あるならば、いつまでに返事をしなければいけないのか？

饒舌に会話をしてその場は盛り上がったとしても、メモをしていなければ、頼りは記憶力のみ。しかし記憶力に頼ってばかりですと、かなりの確率でミスが生じます。記憶を定着させるには、書いて＝手を動かして脳裏に焼きつけるしかありません。あなたが記憶の達人だとしても「覚えたくないこと」や「興味のないこと」は脳が勝手に選別して忘れてしまう。覚えないのです。

ですから、とにかく手を動かしメモをする。メモを読む。振り返って確認する。忘れていたらまた手を動かしメモをして、記憶の定着をはかる。そうした繰り返しをするうちに、記憶は確かなものになります。

忘れるのは、誰しも同じです。

しかしメモをする習慣が身につけば、最小限に食い止めることができます。

手を動かす仕事の人はボケないといいますが、メモをしまくる人は年齢を超越した感性と行動力を持つと信じて疑いません。

メモをしては忘れ、忘れてはメモをする。

ひらめいたら手を動かす

トイレでも満員電車でも、毎朝続けているジョギング中でも、「ひらめいたらメモする」を私は実践しています。

仕事場とは違うシチュエーションで浮かぶことには、意味があると思うからです。

座っていたら浮かばないのに、体を動かしたらひらめく。

広々としたオフィス空間では二番煎じ的なアイデアしか書き出せないのに、トイレで座った途端に斬新なアイデアが降ってくる。

そういう経験を数多くしてきました。

どうやら私たちの脳は意地悪で、「ひらめけ、ひらめけ」とお尻を叩けば叩くほどに「ひらめいてなんかやらないぞ」と拒絶するようです。

そんなときはどうすればいいのか。そこでメモです。

ひらめきを待つのではなく、イラストやいたずら書き、記号、写真などひらめきを引き出す材料を切り貼りしたり、書き出したり、遊ぶ感覚でメモをするのです。

そうこうするうちに、キーワードやネタがふっと脳裏に浮かびますから、それらをとにかくメモしましょう。

言葉だけのメモが、イラストなどの材料と合体して、強烈に目に飛び込んできます。「スゴイことを見つけたかもしれない」「斬新。素晴らしい！」

驚く瞬間に出逢えるはずです。

ひらめきは待つのではなく、材料を用意して遊び感覚でメモをしながら引き出し育てるもの。メモを用いて、ひらめきをヒット商品や書籍という形にしてきた経験から、そう確信しています。

素晴らしい考えが浮かんできたら手を動かして書く。書いたものを声にしてしっくりくるか確かめる。これが大切です。

視覚効果も大事に。

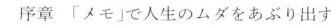

トヨタ生産方式に学ぶ「7つのムダ」の排除術

大野耐一《たいいち》さんをご存じですか。

トヨタ自動車工業の元副社長で、「トヨタ生産方式」の生みの親です。

ものづくりに携わっていない方には馴染みが薄いかもしれませんが、その著書『トヨタ生産方式』（ダイヤモンド社）には万人に通じる生産性向上のノウハウが詰まっています。考えの要になるのが「ジャスト・イン・タイム」。

これは、必要なものを、必要なときに、必要なだけ手に入れることができれば生産現場の「ムラ・ムリ・ムダ」がなくなり、生産効率が上がるということです。

そして収益性を上げるには、①作りすぎのムダ／②手待ちのムダ／③運搬のムダ／④加工そのもののムダ／⑤在庫のムダ／⑥動作のムダ／⑦不良をつくるムダ……の「7つのムダ」を徹底的に排除していく必要があると説いています。

なかでも、「作りすぎのムダ」は、他のムダを隠してしまうとして、もっとも悪いものと位置づけているのが特徴です。

実は、大野さんが提唱する「7つのムダ」は、「やりたいことを全部やる！」ためのムダのあぶり出しにも大変に効果的なものです。臼井流で考えるならば、

①作りすぎのムダ→頼まれたり任されていないこと、やらなくてもいいことをやる
②手待ちのムダ→仕事のスケジューリングに待ち時間などのムダがある
③運搬のムダ→仕事の工程を考慮しない行動をする
④加工そのもののムダ→必要とされていないことに時間や労力を注ぐ
⑤在庫のムダ→不要なモノや人、データなどを抱える
⑥動作のムダ→付加価値を生まない動作をする
⑦不良をつくるムダ→手直しが必要な仕事をする

そして、大野さんと同様に、「作りすぎのムダ」こそ諸悪の根源、「やりたいことを全部やる！」人生を阻む元凶ととらえています。

・誰かに任せられることや、頼めることとは手を切る
・他の誰かがやったほうが早くて成果も出るのに、妙なプライドが邪魔をして、抱え込んでいる仕事には即刻見切りをつける
・参加しなくても何の問題も生じない会合には、参加しないと決める
・評判を気にしてつき合っているだけの人には、会わないと決める
・当たり前のようにやっている「ルーティンワーク」を見直す

そうすれば、「忙しい」「時間がない」なんて口ぐせは消え、自由な時間が生まれストレスから解放され、あなたにしかできない仕事に集中でき成果もあがります。

突き詰めると、「やるべきことを、やらなければいけないときに、タイミングよくやる」という当たり前のことをやり続けることが、あなたの本当に望む人生を手に入れる基盤。それを追求すれば、時間や労力、人間関係のロス、モノのムダがなくなります。

「やらなくてもいいことをやめる」。それだけでムダが解消。

第1章

時間を
牛耳る人になる

カギは分割と集中

Q1

あなたが時間を割いているものを順番に
5つ書き出してください。

①

②

③

④

⑤

この章の狙い

あなたの「スケジュール帳」は、予定で埋め尽くされていませんか？

多くの方が、「はい」と答えたでしょう。

「予定で埋め尽くされている」のは、頼りにされ信用されている、あなたに関心を寄せている人が多い、プライベートも充実している証です。

一方で、意味のないことに時間を費やしている、一生懸命になっている可能性もあります。

あなたは、お願い事をされると、多忙をきわめていても断れない人かもしれません。

時間というあなただけの「財産」を、他人や意味のないことに費やしていいのですか？

時間は、効果を考えて使わない限り、ムダが生じます。この程度ならこなせると、何でも詰め込んでいると、ミスやトラブルを招き、効果を生みません。

「スケジュール帳が予定で埋め尽くされている」のは、時間を使いこなしているようで、使われているのです。

時間を使いこなす人になるのが、「やりたいことを全部やる！」贅沢な人生を送るカギ。

その第一歩が、生産性が伴わない予定は入れないこと。スケジュール帳に余白をつくること。この2つです。

「余白をつくる」なんて不安、実現不可能と思われるかもしれませんね。

でも想像してみてください。余白があれば、やりたいことがもっとできるでしょう。

時間リッチは余白を大事にするのです。

この章では、「3段階方式」を用いつつ、時間という財産を有効活用し、充実した人生を送る手引きをしていきます。

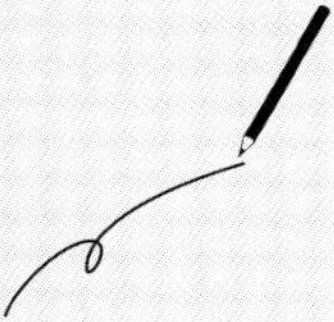

時間の使い方。まずはありのままを書き出してみる

まず質問です。あなたが時間を割いているものを順番に5つ書き出してください。悩まないでいいのですよ。

ピンときた、あなたの頭の中に浮かんだままを、順に書いていきましょう。

２０１９年7月10日現在の私ならば、

①執筆……書籍や寄稿、ＳＮＳへの投稿など

②睡眠……早寝早起きを習慣にしている（1日7時間睡眠）

③身体機能の維持&メンテナンス……ジョギングやウォーキング、美容鍼《ばり》やマッサージ。歯のクリーニング、ヘッドスパやエステなど

④読書&旬な人との交流……読書は仕事に役立つだけでなく視野を広げてくれる。意識して旬な人と出会うのはインプットの質を高めるため

図1-1

Q1

あなたが時間を割いているものを順番に
5つ書き出してください。

① 執筆……書籍や寄稿、SNSへの投稿など

② 睡眠……早寝早起きの習慣（1日7時間睡眠）

③ 身体機能の維持&メンテナンス

……ジョギングやウォーキング、美容鍼やマッサージ。

歯のクリーニング、ヘッドスパやエステなど

④ 読書&旬な人との交流

……読書は仕事に役立つだけでなく視野を広げてくれる。

意識して旬な人と出会うのはインプットの質を高めるため

⑤ 趣味

……唯一の趣味である歌の個人レッスン、大会の出場、

作詞の勉強

⑤趣味……唯一の趣味である歌の個人レッスン、大会の出場、作詞の勉強
ありのまま、正直に書きました。

こうして書き出してみると、私は「執筆」という「やりたいこと」を生涯現役で続けるために健康に気を配り、書籍にアウトプットすることを前提に、読書や人づき合いを行っています。趣味の歌にしても、そこで生まれた人間関係から寄稿依頼をいただいたり、新鮮な表現を歌詞から得たり。

今の私は、「やりたいことをやるための時間割」がうまくできているのではないかと感じています。

あなたの「時間割」はどうなっていますか。

「思った以上に本意ではないことに時間を使っている」。そういう方も多いでしょう。

実はかつての私もそうでした。

どのようにして今の「時間割」にたどり着いたのか、それを次項でお話しします。

「時間割」から見えてくるリアルな自分。

書き出すことでムダを〝見える化〟

今でこそ、「やりたいことをやるための時間割」が完成した私ですが、ここまでくるには、7年ほどかかりました。

かつての私は、好奇心旺盛で〝とりあえずやってみる〟猪突猛進な性格が災いして、やりたいことがすべて同時進行でできると勘違いしていました。

そのため、優先順位など考えることもせず、どの物事にも同じパワーと時間を使って行動していたのです。

それに、どうしても切れない人間関係があって、そこにも時間を費やしていました。やりたいことが山ほどあるのに、どれも中途半端な状況。その上、要らない人間関係に縛られ、神経がすり切れる。

そんな日常の中で、あるとき、私の魂が叫びました。

冗談じゃない！　私の時間は私だけのもの！

そこで、自分はどんな時間の使い方をしているのかを見つめる、時間を割いているものを認識するために、順に書き出すことを思いついたのです。

その時点で、私には本当にやりたいことはわかっていません。

「私にピッタリな仕事は何だと思う？」なんて、周囲に尋ねるありさまでした。

ひとりで3分ほど書き出すうちに、あることに気づきました。

やりたいことがありすぎるとはいっても、執筆、友人や知人との会話、読書、朗読、講演会の準備、講演のシミュレーションなど「表現する」というキーワードに、集約されていることに。

そこで「表現する」ことに役立たない書き出しはどんどんバツをつけ、捨てていきました。それには時間を費やさない、と決めました。

そうやって残ったのが「執筆する」ということ。最期のときまで「執筆」を仕事にすると決意したのです。それが7年前でした。その夢を叶えるための時間の使い方も、固まりました。

前述したように、「①書き出す→②捨てる→③集中する」は、自分に向けたメモを書くことで、ムダなものをあぶり出し、本当に大切なものを見つけ発展させていくための「行動指針」です。

あなたが出した答えに事の正否はありません。

世間体や評判などを気にすることも、ありません。

自分の答えを信じて、それを成就するために、ひたすら歩めばいいのです。

夢を集約するキーワードは？

デキる人は詰めすぎない

手帳は1年先までアポイントで埋め尽くされている。

新たな予定や約束を入れようと思っても、空いている時間を見つけるのが大変。

空白がない手帳の持ち主は、時間の奴隷になっている可能性がきわめて高い。

私はそう判断しています。

自分で書き入れたアポイントなのに、いつ誰と会うのか、どこに出かけるのかはわかっても、目的は何かが、詰めすぎたスケジュール帳からは読み取るのが難しいからです。

それに、仕事でもプライベートでも、計画通りに進まないのが常です。

経験を重ねれば、完璧に近い計画を立てることもできますが、その通りに進められることは稀です。必ず「想定外」のことが起こる。

それはアクシデントやミスなどネガティブな事件かもしれませんし、憧れの人に出会ったりビジネスチャンスをいただいたりというポジティブな出来事の可能性もあります。

だからこそ、「想定外」を先に想定しておく。


スケジュールに、「調整時間」を設けておかないと、対処ができなくなります。

スケジュールは5割だけ埋める。

それは、想定外への対処のためだけでなく、手帳の役割を考えて、仕事ができる人ならば無意識でもやっているセオリーです。

手帳は、スケジュール管理だけのものではないからです。

目標、目的、計画、実行、振り返り、改善。これらの項目を手帳に意識して書くことで仕事が効率よく進むだけでなく、その目的を見失うことなく、いい仕事ができるようになる。

そのためにも、スケジュールを詰めすぎず、残り5割で思考や行動の整理をする。

そんな感覚で時間と向き合ってください。

すると「忙しい」「時間がない」という決まり文句は出なくなります。

最後に、几帳面な方に多いのが、きっちりキレイに記入しないと気が済まないということ。そういう方は、計画通りにいかなかったときに必要以上にストレスを感じ、その後の行動に悪影響を及ぼします。

「きっちりキレイに書くこと」を、目的にしてはいけません。

スケジュールは5割だけ埋めればいい。

目標は交通整理する

時間管理、目標管理に関して執筆や講演をすることが多い私ですが、実は33歳で経営者になるまで、「目標」というものを考えたことがありませんでした。より正確にいえば、「目標」と「目的」の区別ができない人間でした。

「目的」とは、文字通り「目」で見える「的《まと》」。最終的に到達したい部分のことを意味します。一方、「目標」とは、その通過点を示す「標《しるべ》」です。

たとえば、お客様が喜ぶ商品やサービスを提供して高く評価していただき、社会的に意義のある会社になろうというのは「目的」で、その目安として「本年度3億円の売り上げをあげる」というのは「目標」と考えればいいでしょう。

ところが、当時の私は「3億円稼ぐ」「儲けてやる！」というギラギラした欲に支配されて、本来「目標」とすべきことが、「目的」化していました。

そのため、「数字があがらないのは、部下が働いてくれないから」「うちの商品の魅力がわからないお客様がおかしい」というような妙な考え方に傾き、売れない理由を検証もしないで、思いつくまま商品を開発しては、資金難に陥りました。こういう経営者では、社員の士気はあがらず皆、疲弊するばかりです。

そして1年、売り上げ不振にジタバタしている中で、「お客様第一」という言葉の意味を改めて考えました。

自分はお客様をどうとらえているのか。思いつくままメモに書き出してみたのです。

お客様とは、何だろう

・最高のお客様は、たくさん購入してくれる人。
・イヤなお客様は、無理な要求を遠慮なしにしてくる人、何度説明しても使い方を理解しない面倒な人、自分は特別だと勘違いしている人。
・自分を優良顧客だと言い張るお客様がいるけれど、おかしくない？
・問い合わせばかりで購入しないのは、お客様ではない……。

「お客様は神様です」と当時はいわれたものですが、書き出していくうちに、私は「神様」なんて思ったことなど一度もなかった、「売り上げ」しか見えていなかった――そんな自分に気づきました。

「3億円の売り上げをあげる」が達成できれば、内部留保が増える。社員の待遇をよくすればいい人材が集まる。業界で注目され新しい得意先ができる。やがて自社ビルを持つ……これらは志といえないでもありませんが、目標と目的がまぜこぜで散らかっている「欲望のかたまり」でしかなかったと思います。

散らかっていた目標もメモで整う。

自分が描いている夢は「目標」なのか「目的」なのかをきちんと見極める。

目標が見つかったならば、そこに焦点を定めて目的化しないように、行動し続ける。

いくつもの目標を同時に達成しようとしない。

目標には交通整理が欠かせません。

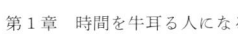

1年を4分割。「逆算シート」を書く

時間の使い方がうまい人は、目標なり夢をいつまでに達成するのかを、明確に決めています。

逆をいえば「いつかできたらいいなあ」とか「そのうち手をつけよう」では、自分の能力が花開かないのを知っているのです。

時間やお金や知識など条件が揃わないと行動しないというスタンスではなく、「インプットしながらアウトプット」し、進捗状況を調整しながら目標をたちまち成し遂げるといっていいでしょう。

ここでいうたちまちとは、1年。

資格取得や売り上げ達成、技術や技能の上達の指標を、基本、私は1年に置いています。名づけて「1年逆算シート」のスケジューリング術。これは、半年や3カ月、

1カ月にも応用できますので、順に説明していきます。

「1年逆算シート」は、A4サイズの紙で作成します。まず、紙の一番上に「目標や夢」の実現日と「〇〇できました。ありがとうございます」と完了形で書くのがポイントです。

そして1年を逆算型で4分割して、9カ月前、6カ月前、3カ月前というように、できていなければいけないことを3カ月前から順に書き出していきます。

「昨年対比売り上げ50%アップ」という目標を掲げたならば、3カ月前には「目標達成！　エキナカ店の売り上げが起爆剤」と、前倒しして理由を書き添えます。

目標は期限までに達成して当然。少なくとも3カ月前には結果を出し、残った時間でどれだけ売り伸ばせるか？

3カ月前を意識するのが、時間を牛耳るコツです。

「3カ月も前に目標を達成できるなんて、信じられない」

そう思う方が、ほとんどでしょう。

図1-2　1年逆算シート

このシートを
目標達成の
1年前に作成する

昨年対比売り上げ50%UP達成
2019年12月13日　ありがとうございました

2019年12月13日

収穫期

支払い※
状態注意

昨年対比　なんと70%UP！

※OEMも打診され決定⇒ 来年度の売り上げの基盤に

⇑

既存品にも注目が集まり、新商品＋既存品がいいムードでUP

⇑

商品・サービスがテレビ番組
「ワールドビジネスサテライト」で紹介される！

2019年9月3日

把握期

目標クリアする！　3カ月前までには100%

大型ショッピングモールにも出店計画が持ち上がる
└→期間限定でパイロットショップ
└→条件面のすり合わせはこちらに主導権

時代に
合わない

通販の見直し　テレビショッピング・ネット通販・紙媒体 ×

パイロットショップを全国に5店舗!!

2019年6月13日

広報期

他社が低迷する中、広報する意味

「売れないのではない。売れる売り方をしていないのだ」

期間限定POP・動くPOPの準備と設置
㊅㊥㊀ 3パターン　大型店用　※コストが ×

・中堅社員が新入社員から刺激を受けてやる気が変わってくる！
・トップダウン方式の営業が通じる店VS.そうでない店の把握※

2019年3月13日

種まき期

意欲UPが要

・各店長クラスを集めた勉強会　キーマンは小野店長※
・部長クラスを集めた勉強会　キーマンは山下部長※
・新入社員＆古参社員のペアで営業をかける※
・ルーティン営業の見直し※
・販促物のアイデアを全社員で提案　キーマンは土井常務※

店舗でのインタビューを実施する※

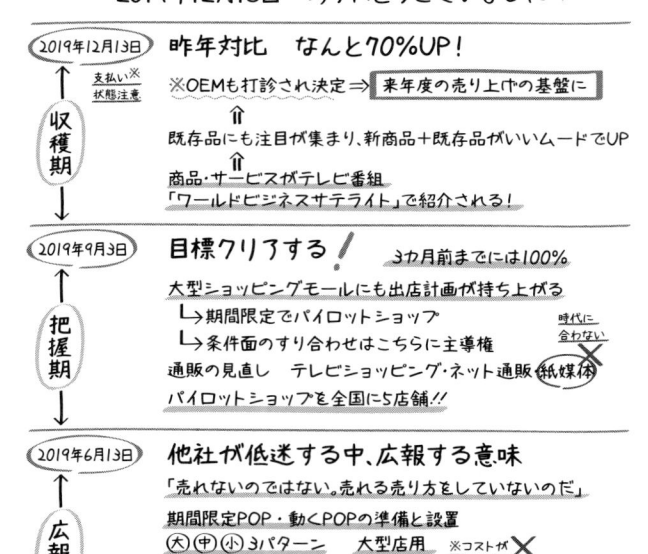

資格試験を例にするとわかりやすいと思います。難関資格を一度の受験で合格する人の大半は、試験日の3カ月前には誰でも解ける問題は完璧に理解して、残りの3カ月間でひっかけ問題の対策や試験のシミュレーションなどを入念にして、加点につなげます。3カ月前に合格ラインまで、試験当日は「文句なく合格!」まで、持っていくのです。これは仕事の成功や技術の向上、趣味の上達にも応用できます。

「1年逆算シート」は、私が行政書士試験に一度の受験で合格すると決めた際、「合格に必要といわれている時間」を調べ、試験日から逆算して勉強スケジュールを立てたことが基礎になっています。

その後、売り上げ目標や書籍の刊行、講演などの仕事はもちろんですが、趣味の歌の上達、自宅の掃除計画まで「1年逆算シート」を活かしてきました。

「1年逆算シート」に書き出すことは、自分との約束。

約束を破ったり、簡単に諦めるのは自分にウソをつくことです。

「1年逆算シート」を使って自分と約束しよう。

毎月1つの目標をカレンダーに書き込む

目標には1週間や1カ月で結果を出すべきものと、1年やそれ以上をかけるものがあります。前者は「スプリンター型」、後者は「マラソン型」と呼べるでしょう。先に紹介した「1年逆算シート」は「マラソン型」に向いた目標達成メモ術ですが、1カ月で結果を出すならば、「見開きカレンダー」を使ったメモ術をお勧めします。

この場合、目標は1つに絞ること。

やりたいことは山ほどあっていいのですが、緊急度と重要度をはかりながら、絞り込んだ1つの目標を、見開きカレンダーの左上にメモします。たとえば、「9月30日、新刊3万部突破、ありがとうございます！」というようにです。

もちろん、目標をメモしただけでは終わりませんよ。

そのためにできることを、目標達成から逆算して4週に分けてメモします。

この作業は少なくとも前月の1日（1カ月前）には終え、必要なものの手配や相手との交渉を進めます。

私は卓上カレンダーに、これらをメモして目につくところに置いて常に意識し、やるべきことが浮かんだら即座にメモします。

外出時は該当月のものを携帯して、移動中に行動にぶれがないかを検証しています。

またテンションをあげる工夫も大切です。

達成日には大好きな犬のシールを貼ったり、思った以上の成果を出せた週末には、ピンクの蛍光マーカーで「はなまる」を描いたり。

うまくいかなかった週末にはブルーのジェルボールペンで、

「反省だけなら猿でもできる。あなたは人間。分析せよ」

「情熱はタダ、でも燃やし続ければお金になる」

……なんて教訓めいた言葉をメモしてやる気を奮い立たせています。

ありがとうございます！

この月の目標である「新刊3万部突破」に向けたアクションを組み立てる

木	金	土	日
			1 福岡 PM7:00〜 読書会 新刊のPRも可 100部持参
5 メルマガ配信 献本先へのpush	6 東京 PM7:00〜 トークショー ★集客70人以上に	7 名古屋 PM5:00〜 講演会 A子さんの紹介 100部持参	8 完全OFF メンテナンス日
12 東京 ○○出版営業部 Tさんと 書店まわり	13 大阪 PM6:30〜 講演会 レジュメ100部	14 半断食デー メルマガ配信	15 ごほうび日
19 東京 PM3:00〜 書評用取材	20 ♥ PM6:00〜 友人と食事会 銀座H店	21 福岡 PM7:00〜 講演会 2010.11 実施 再オーダー	22 歌コンテスト
26 メルマガ配信 PM3:00〜 S社長と新作の打ち合わせ	27 予備日	28 お礼状	29 歌コンテスト

予定はプライベートから記入

テンションをあげる工夫のシール

やるべきことが浮かんだらすぐにメモを

ビジネス書を月15冊は読まないとダメだぞ!!

図1-3　カレンダーメモ術

目標は1つに絞って記入
9月30日新刊3万部突破、
9月
月
火
水
読書の秋には『メモ術』を!!
仕事がはかどる秋
さらに積極的に行動!!
目標達成のための第1フェーズ
2
3
PM7:00〜
沼津セミナー
B氏同行
100部持参
4
メルマガ配信
新刊の告知
第2フェーズ
9
東京
B放送
Fテレビ
制作担当者と面談
10
書評ブロガー
へのpush
11
歌全国大会
メルマガ配信
第3フェーズ
16
東京
AM11:00〜
S社コンサル
来春商品
17
有力書店への
色紙書き(60枚)
18
東京
PM2:00〜
社員教育プログラム
G社とミーティング
第4フェーズ
23
書評ブロガー
再push
24
メルマガ配信
25
PM1:00〜
T社コンサル 人事について
PM7:00〜
S氏と食事会
楽しみな予定には♥を
セミナー、講演など
ごほうび日、
楽しみな予定など
趣味のイベントなど
30
3万部だ!
お礼メルマガ配信
やる気を奮い立たせる言葉もメモ
情熱はタダ!燃やし続けろ!臼井!

知識をフル活用し知恵を絞り仲間の力を借りながら行動すれば、基本できないことはありません。

人は荒唐《こうとう》無稽《むけい》な目標を立てたりしないからです。

１カ月に１つの目標設定をする。１つでいい。

そうアタマに叩き込んだ上で設定する目標は、その時点で８割は達成できている。

私はそう確信しています。

あとは、微調整しながらメモ通りに実行すればいいのです。

メモした目標は常に携帯して検証する。

1週間を3分割して記述する

一般的なビジネスパーソンの場合、月曜日から金曜日までの5日間が仕事になるわけですが、あるとき私はそれに疑問を持ちました。

月曜日から金曜日まで仕事をするというスタンスでは、生産性に欠けるのではないか？　やるべき仕事と自分がやらなくてもいい仕事を区別して、部下を育て自分の時間を増やす。時間に翻弄されるのではなく、自分が時間の主導権を握りながら、仕事をしたら、ラクになり楽しいに違いない。

そんな願望から生まれたのが、仕事にあてる5日間を3分割して考えるということ。

前著『やりたいことを全部やる！時間術』（日本経済新聞出版社）でも大変にご好評をいただいた考え方です。順にお話ししていきましょう。

①1週間は月曜日から水曜日までしかない↓1週間の仕事は月・火・水で片付ける

1週間は5日あると考えると、その週の予定を考えるときにやらなければいけない仕事を5日で割ってしまい、目先のやらなければいけない仕事しか見えなくなる。結果、仕事に追われ時間に追われる毎日になりかねません。

ですから私は、その週にやるべき仕事は月曜日から水曜日で終えることにしています。この間に緊急度と重要度を物差しに、今やらなければいけないことを行っています。

②木曜日は検証の日↓月曜日から水曜日までの仕事の進捗や問題点をチェック

予定通りにいかない場合は、原因は何かを確認する日にしています。月曜日から水曜日までの実行と、木曜日の検証を徹底すれば、トラブルを防ぐだけでなく、仕事の納期を早めることにもつながります。

③金曜日は攻撃の日↓翌週の仕事の備え、資料の作成や準備、アポイントの確認

こうすることで、月曜日から「やることハッキリ、用意もバッチリ」な状態になり、

1週間全体の仕事の効率が格段に高まります。

また金曜日には、普段は忙しくて気が回らないようなこと、たとえばお得意様へ直筆のお礼状を書いたり、マーケティングや販売戦略の立案をしたり、中長期的な未来像を描きます。

この金曜日の使い方が翌週のみならず、長い仕事人生に大きな影響を与えるのです。

手帳にも、このように1週間を3分割して記述していくことで時間に追われず、時間を支配することができるのです。

1週間の仕事は「月・火・水」で片付ける!

1カ月に1日。フリータイムを記入する

月曜日から金曜日までは仕事に集中して、土日は自由な時間を満喫する。そんな風にオンとオフが明確ならば、ストレスとは無縁で心身の健康も保たれると思いますが、プライベートでは家族の用事や断れないつき合いもあるでしょう。休日を丸ごと自由に使えるという方は、少数派かもしれませんね。そんな方でも、「1カ月に1日はフリータイム」が必要です。

誰にも邪魔されない、自分だけの1日をつくりましょう。

「忙しいから仕事を忘れる1日なんてありえない」。こう語るビジネスパーソンも多いでしょう。

でも、それは本来ならばイエローカード。早急に、時間の使い方にムダがないかを見直さないと、ストレスと身体の疲労が蓄積され、思うような成果が出せなくなります。「やりたいことを全部やる！」なんて夢のまた夢になってしまいますよ。

ワーキングママからは「現実は厳しいのよ～」という声が聞こえてきそうです。

でも、「今月の○日は、私、消えますのでよろしくお願いします」と宣言。お子さんをご主人に預け、ジムでのトレーニングから始まり、指圧、美容院、ちょっとだけ奮発した「ひとりランチ」、演劇鑑賞とフリータイムを運動や心身のメンテナンス、自分へのご褒美にあてている方がいます。

「最初は、『そんな無茶な！　どこへ行くんだ。誰と会うんだ』ってうるさかった主人だけど、今では子供と博物館や遊園地に行ったりしているのよ」

「今ではすっかり『イクメン』で、学校行事にも積極的に参加してくれるの」

そんな話をしてくださいました。

「休日はまるまる家族サービスが我が家の決まり」という方もいるでしょう。

だけど、お子さんやパートナーは100%、それを望んでいますか？

私たちには、長年「何となくそうしている」という、理由はないのにルーティン化していることが多々あるのです。

家族サービスは、相手が心底、喜んでくれて成立する話。この辺で修正してもいいのではありませんか？

フリータイムで脳を喜ばせる。

日頃、仕事や人づき合いのための時間活用に知恵を絞っていると思いますが、「1カ月に1日のフリータイムに何をするのか？」を考えると、脳も喜ぶようです。

「フリータイム」の後には、切れ味の鋭い言葉や時代を変えるような企画が生まれるかもしれません。

まずは、1日のフリータイムをスケジュールに書き込みましょう。

寝る前に書くTO　DOリストのコツ

やるべきことをたくさん抱えていても混乱することはありません。ここでもメモが役立ちます。

具体的には、毎晩1枚の紙に翌日の「TO　DO（やること）リスト」を書くことを習慣にしましょう。

書き出すだけで思考が整い、翌日の仕事への意欲も高まります。

もちろん、仕事は幾日にもわたり同時進行で行っていることも多いのですが、それを書き出しただけで途端に気持ちがラクになる。気になることを書き出して客観視できるようにするだけで、状況を把握、整理する力が増すのです。

TO　DOリストを書く際には、「明日の自分にそっとボールを投げるような感覚」で行います。

図1-4　明日のTO DOリスト

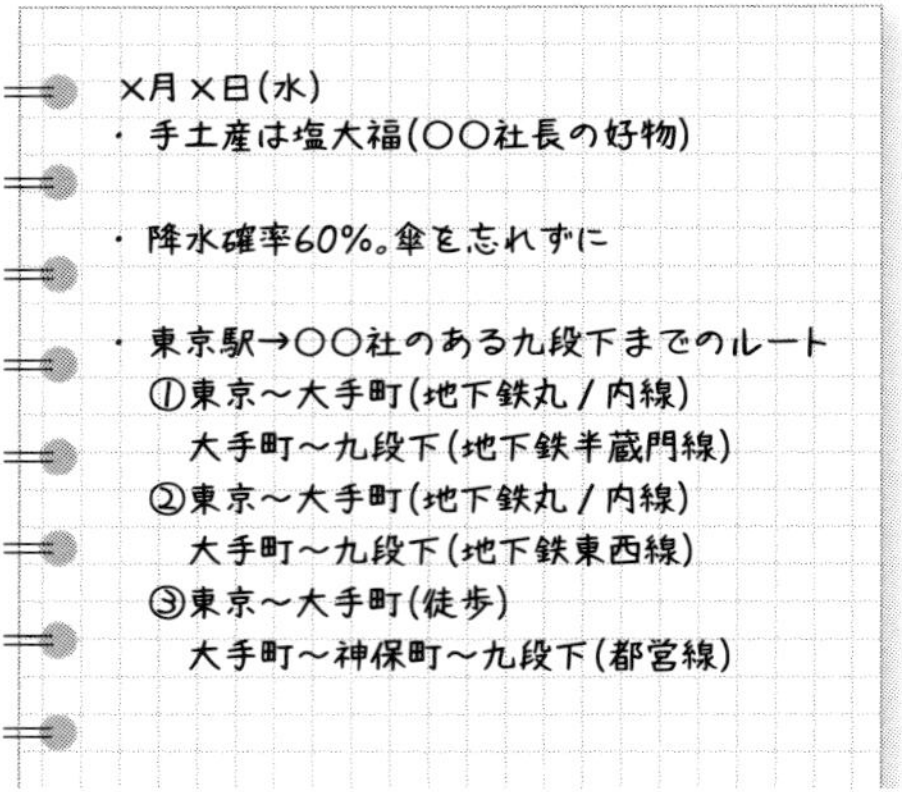
×月×日(水)
・手土産は塩大福(○○社長の好物)
・降水確率60%。傘を忘れずに
・東京駅→○○社のある九段下までのルート
①東京～大手町(地下鉄丸ノ内線)
大手町～九段下(地下鉄半蔵門線)
②東京～大手町(地下鉄丸ノ内線)
大手町～九段下(地下鉄東西線)
③東京～大手町(徒歩)
大手町～神保町～九段下(都営線)

記入するのは、「やらなくてはいけないこと」に限定し、希望や願望はいっさい書きません。そうしないとリストが増えるばかりで、時間と集中力のムダ遣いになります。

さらにいえば、ＴＯ　ＤＯリストに優先順位はつけません。

多くの方が、ＴＯ　ＤＯリストをつくったら優先順位をつけるでしょうが、私が意図しているＴＯ　ＤＯリストは、明日の約束の漏れや行動のブレを少しでもなくすためにあるもの。

書き出しながら、明日の行動をシミュレーションするのが目的ですから、優先順位は必要ではないのです。

書き出しながら、明日の自分の姿をイメージしていると、

「あの人とはこんな話をしよう」

「○○社長の好物の塩大福を、手土産にしよう」

「明日は午後から雨の予報が出ているから、傘を忘れないようにしよう」

と、「明日やらなくてはいけないこと」がよりリアルになってきます。

手を動かせば頭脳も動くのです。

また、交通機関がマヒをしても予定通りに約束が守れるように、何通りかの乗り換え経路を調べ書き出すのも大事なメモです。

以前は、当日、事故や渋滞情報をキャッチした段階で乗り換え方法を調べていたのですが、焦ってミスをするのです。乗り換えが不便なルートを選んでしまったり、遠回りになるなどロスが生じるので、今は前日の晩にメモをしています。

書き出すことで客観視できる。

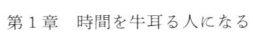

スケジュールはプライベートから記入する

「スケジュール管理は手帳、スマホ、パソコンのどれがいいですか」。こんな質問をよくいただきます。私の答えは決まって、「仕事のスタイルや好みで選ぶのが一番」です。ツールは何を使っても構いませんが、スケジュール管理には2つのコツがあります。

①プライベートと仕事の予定を同じスケジュールで管理する

仕事とプライベートのスケジュールを別々に管理していると、突然、上司から「再来週の土曜日、○○社と接待ゴルフになったぞ」といわれたときに即答できなかったり、あとから「その日は友人の結婚式なんです。半年前から決まっていて……」などと泣きついたりすることになりかねません。すべての予定を1つのスケジュールに記入しておくことで、こうした事態を避けることができます。

②プライベートから記入する

スケジュールには「プライベートな予定」から記入しましょう。仕事よりもプライベートを優先するとか、働き方改革の一環としてという理由からではありません。スケジュールに記入する＝記入したくなるプライベートな約束は、喜ばしいことが大半であり、その機を逃したら後悔することです。

それを忘れては、仕事へのモチベーションにも悪影響が及ぶ可能性が高いからです。

喜ばしいプライベートの約束を真っ白なスケジュール帳やノートに記入すると、テンションがあがります。

「こんなに楽しみな出来事が待っている」「久しぶりにあの人に会える」。そんな心躍る約束を目にしながら、仕事の予定を記入します。不思議なことに、面倒なことや苦手な相手との交渉、気難しい人との商談なども苦にならなくなるのです。

どんなツールでも原則は同じ。

空白の予定をつくる

忙しいからといって次の予定との間を隙間なく埋めてしまうと、1つの予定が延長した場合、その後もドミノ倒しのようにずれ込み、大幅に予定が狂います。当然、焦ってミスやトラブルも誘発します。

こうした事態を防ぐため、予定と予定との間に少なくとも30分ほどの空き時間をつくりましょう。

もちろん、それぞれの仕事に要する時間を正確に把握して、スケジュールを組み立てるのは必須。その際、

「あの担当者は話が短いから、商談は15分もかからない」

「今日は挨拶程度だから、次の予定を前倒ししても大丈夫」

……など希望的観測を入れて、スケジュールを決めるのはNGです。

私は予定と予定との間は、30分は空けるようにしてきましたが、それでも相手が遅れてきたり、商談や打ち合わせは終わっているのですが、席を立つタイミングを逸して慌てることがありました。

そんな日は、歯車が狂い、集中力や決断力に欠ける気がしてなりませんでした。

そこで数年前から、あえて「空き時間＝空白の予定」をつくるようにしています。

職種や仕事の進捗状況によって違ってくるとは思いますが、たとえば30分ほどだった予定と予定の間を1時間にして、

・最寄りの書店で気になるタイトルやＰＯＰを見つけメモをする
・取引先への手土産をデパ地下で物色する
・頭脳をクールダウンさせるために、落ち着いた雰囲気の喫茶店で好物の珈琲をいただく
・企業や地方自治体などが運営するアンテナショップで最新の情報を入手し書き留め

る

……そんな風に空白の予定を楽しんでいると、思いがけない人に出会ったり、欲しかった情報を耳にするなど、うれしいサプライズが待っているものです。

空白の予定はチャンスに出会う器。

器がなければ、そうした人やモノを目にすることすらできません。

器がなければ、運も縁もすくえない。

偶然が起こるようにスケジュールを組み立てる

前項で「空白の予定をつくる」意味をお話ししましたが、一歩進め「偶然の出会いや発見が生まれるように、スケジューリングに仕掛けをする」こともおすすめします。

そこにいるはずのない方に出会った、会いたかった人に意外な場所で会ったということは、あなたにも経験があるでしょう。

それは意図していない「偶然」ですが、私がいう「偶然」とは、そういうシチュエーションを意識してつくるということ。意味がまったく違います。

偶然をつくるなんてできるのか？

もちろん、できます！　方法はとても簡単。

①商談や打ち合わせ、友人との待ち合わせなど、予定の場所への移動経路を考える

いつも決まった交通手段や経路を選んでいませんか？　回り道をしたら、気になる人が働くオフィスの近くを通ることになり、偶然に出会い、「縁がありますね！」をきっかけに親しくなれるかもしれません。

②約束と約束の間の「空白の予定」は、好奇心が刺激されるモノや人に会えそうな場所で過ごす

平日の場合、私が多く出向くのは丸の内や東京駅近くの大型書店です。取り扱いジャンルが広く、日頃接することが少ない分野の売り場に行くと、書名、キャッチコピーからユニークな話題や新鮮なフレーズが見つかる確率が高く、書籍の企画や講演のネタに大いに役立ちます。

ここでメモを活用すると、ものすごいアイデアに出合えます。

意図してつくる偶然がもたらす効果です。

また、空白の時間には関心のある商品が並ぶ展示会やミニセミナーに出向くこともします。そこは自分と似た思考、行動力を持つ方が集まる確率が高いですから、多忙で会えない相手とばったり出会うことが多々あります。

なお、先の書店では、作家の方や私の本を探している読者の方に会うことも本当に多いものです。その折は「びっくりしました！　偶然ってあるのですね」とご縁の深さをさり気なくアピールして会話を楽しみ、ときに再会の約束をしたりもします。

偶然が起こるようなスケジューリングのおかげで、気づきや学び、人の縁……数多くの財産を得ることができるのです。

偶然は積極的に仕掛けていくもの。

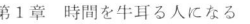

日曜日の「ひとりメモ」

平日は「月・火・水」と「木」「金」に3分割して仕事を進めると前述しましたが、休日のプライベートの過ごし方にもちょっとしたコツがあります。

それは、人に会うのは土曜日、日曜日はひとりを満喫することです。

人との交流は土曜日にしかしない、日曜日は自分のために使う。私はそう決めています。ここでいう交流とは、「共通の趣味を持つ友人」「勉強させていただきたいと考えている方の講演やセミナー」「面白そうなパーティ」など仕事に直接関係しない人と会うことを意味します。

集中して仕事する平日は、自分で決めた営業終了時間である16時（ビジネスパーソンならば終業時間）を過ぎたらパソコンをシャットダウン。

「今日も無事に仕事を終えました。ありがとうございます」と声にしてから首や肩のストレッチをし、自宅の温泉へ直行、英気を養います。

営業終了時間以降には基本、仕事に関係する人であっても会うことはしません。明日のオープンである朝5時に備えて、TO DOリストの書き出しをしながら仕事のシミュレーションをしたり、服装や持ち物、使用する資料などを整える。その後、思う存分に働ける体を保つための睡眠の確保、体調管理など「自分という商品を輝かせる時間」にあてています。

飲み会や食事会に誘われることも多いですが「夜の7時には眠くなるので……」と冗談をいいながら半分は断っています（ここだけの話ですが）。

そう決めたことで、以前よりも集中して仕事ができるようになりました。

そんな私にとって、土曜日は特別。

「お友達づくりデー」として、遠方で交通費が高くついても、会いたい人のもとへ行きます。損得勘定抜きで人に出会い、意気投合した方とは交流を深めています。

正直、疲れて人に会う気力が湧かない土曜日もありますが、そんなときこそ、仕事を離れた人との交流で奮起したり、知らない世界に触れて癒やされたり。

仕事を離れた人との出会いを土曜日にスケジューリングすることで、オンとオフの切り替えが明確になります。

そうして刺激を受けたら、日曜日は休養が基本です。早朝の温泉入浴に始まり近所を愛犬と散策したり、海辺で貝殻拾いに興じたり。天気のいい日曜日には、海辺で行われるイベントへの参加や、新しくオープンしたレストランやスイーツ店、ギフトショップなどをゆったりペースで巡ることもしています。

そして遅くとも、午後2時には自宅に戻り、足や肩をストレッチ。そしてまたも温泉。その後、翌日のＴＯ　ＤＯリストを書き出しながら、シミュレーションをします。仕事から離れ、日頃、触れ合うことのない人に出会い刺激を受ける土曜日。そして、ひとり気ままに過ごす日曜日のおかげで、「仕事がしたい」「月曜日が楽しみ」という気持ちも強くなります。

日曜日の「ひとりメモ」で平日をより生産的にしましょう。


土日の遊びにもスケジューリングが欠かせない。

SNSは「公開メモ」として活用

ここまで、ノートや手帳、カレンダーに書き出すメモやTO　DOリストについて説明してきましたが、メモはこうしたものだけを指すのではありません。

SNSへの投稿も、時間管理にかかわるメモのひとつ。そう私は考えています。

ここで、臼井流のSNSをメモとして活用するテクニックをお教えしましょう。

私はフェイスブックやブログで、仕事に関係することだけでなくプライベートでの出来事も情報発信しています。

こうしたSNSとのつき合いは10年をはるかに超えていますが、日々の更新を欠かしたことはありません。

休日も体調が芳しくないときも、出張や海外への渡航前でも、家族に悲しい出来事があったときも、更新を続けてきました。

でも、「更新しなくてはいけない」なんて義務感はありません。

それは、著者や講演者としてSNSをとらえているからです。

私にとって、そこは表現を磨く場であり、読者の反応を知るマーケティングの機会。しかもどこからも発信できて無料なのですから、使わない理由はない。どんなときでも更新して、読者と対話したいと思うのです。

だからといって話題を集めたいがために「炎上」するような過激な記事や、明らかに受けを狙った写真を投稿はしません。

不快にさせない、自分で責任がとれる内容。少しでも私を知ってほしいという気持ちから、やさしい言葉で伝えることをモットーにしています。


一方、そうはいっても更新が厳しいときもあります。

疲労困憊していて伝えたいことがまとまらないとき、イヤなことが続いてその気持ちを投稿にぶつけかねないようなときは、

「今日は完全休養日。自宅でまったりします」

「今日は体のメンテナンス日。ついでにSNSもメンテナンスします」

……というような一文を投稿して、その日はSNSに触れません。

これがオフ宣言です。いわば、SNSを使った「小休止」のお知らせメモ。

そして翌日なりに正常な状態に戻ったら、

「おかげさまで、リセット！　10歳は若返った気分で仕事に集中します」

「私の投稿を楽しみにしてくださっているあなた、臼井由妃が戻ってきました」

……というようにユーモアを交えながら、公開メモであるSNSでオン宣言をしています。

こうした工夫をすることで、読者の方に余計な心配をさせない。自分も余計な投稿をして、他人を不快にさせない。バランスをはかっています。

投稿でオンオフ宣言をする。

タイマーで〝デッドライン意識〟を高める

メモでムダをあぶり出した結果、時間が生まれた。それなのにその時間をだらだらと過ごしてしまった……これでは元の木阿弥です。

ここで高いパフォーマンスを発揮するためのテクニックを紹介しましょう。まずは自分がもっとも集中でき、パフォーマンスのあがる時間帯を把握することが必要です。

一般的に、午前中は脳の働きがスムーズなので、「アタマを使う」仕事に適しているといわれ、高いパフォーマンスが期待できるのですが、乗らない日もあります。

心身とも健康で睡眠も十分とっているのに、どうしても「仕事モード」にならない、ということがもちろん私にもあります。

しかし、その日のうちに終わらせなければならない仕事がある……。

そんなときには、私はキッチン用のタイマーを使います。

タイマーを使うとデッドラインの意識が強くなって、集中できるからです。

方法を説明しますね。まずは仕事を分割して、短時間でそれぞれの作業が終わるぐらい小分けにします。次に「企画書作成は20分」「メールの返信は15分」「稟議書は10分」で終わらせるというように、目標タイムを設定します。そして、タイマーを「仕事完了の目標タイム」に設定し、一気にその作業を終えるように仕向けます。

これは、勉強にあてる時間が乏しい中、行政書士の資格取得を目指していたとき、一発合格するため、とにかく勉強効率をあげようとして編み出した策です。

限られた時間内で成果を出す人の仕事の進め方は、シンプルでリズミカル。どこにいても、どんな状況でも仕事を前にすると、スイッチがオンになり、高い集中力とスピードで一気に取りかかるものです。

そして終わればスイッチがオフになり、ほっとひと息。

時間効率を高めるには、こうしたサイクルを繰り返すといいのです。

集中と弛緩のサイクルを繰り返す。

年間700時間をムダにしていませんか？

ビジネスパーソンにとって、通勤で利用する電車やバスは、「動く書斎」です。ルーティンワークでも初挑戦の仕事でも、デスクにへばりついて集中力が保てるのはせいぜい60分。それを就業時間の中で何回も繰り返すのは、正直至難の業です。集中力には自信があるという方が、120分ぶっ続けでデスクで仕事と対峙しても、本当のところ、かけた時間に見合った効果が得られるかどうかは疑問です。深呼吸をしたりストレッチをしたり、珈琲を飲んだり、同僚と仕事の進捗状況を報告し合ったり。何らかのブレイクを入れないと、集中力は機能しなくなります。ですから、私は移動に使う時間を活用して、仕事の生産性をキープしながら、気分転換をはかっています。

オフィスでの「動かない仕事」を、通勤や移動での「動きながらの仕事」に変えるのです。

電車やバスには、適度な振動があり自然と気持ちがあがり脳の働きも活発になる。車中では会社に向かう、家路につく大勢の人たちに囲まれ、「みんな、頑張っている」「大変なのは、自分だけではないのだ」……そんな前向きな気持ちにもなれます。ビジネスパーソンにとっては、電車やバスは意欲を高める、自分を見つめる最適な環境ともいえるのです。

仕事は、準備が整ってさえいれば、5分でもできることは十分あります。10分、20分といった短時間でも、毎日の積み重ねとなるとバカになりません。会社の行き帰りの時間だけで、片づけられる仕事はあるのです。

「動く書斎」をフルに活用するためには、車中でもできる仕事の把握をするのが、先決ですが、ビジネスバッグにも気を配るといいでしょう。

軽くて丈夫、日本のビジネスシーンでもっとも多く用いられている「A4サイズ」

の書類が収まるものをセレクトしましょう。

ちなみに私は、丈夫で軽い革のトートバッグやナイロン製のリュックを移動に使っています。トートバッグは席を確保できるときには、書類を広げるデスクになり、そこで仕事ができます。混雑が予想される時間にはリュックを使えば（前に向けています）両手が空きますから、文庫を広げて読書をしたり、あらかじめ録音しておいた会議のシミュレーションや講演のデモンストレーション音声などをレコーダーで聴いています。

1年分の通勤に要する時間や移動時間を計算すると、自宅での仕事が多い私でも、700時間を優に超えます。

電車やバスは「動く書斎」と考えたら、700時間を仕事にどう活かすかという工夫も生まれます。

移動時間は「動く書斎」。

「8割ルーティン」の5つのメリット

想像してみてください。

あなたは外出先で、デスクの引き出しに大切な書類を忘れたことに気づきました。

それはたった1枚の図表ですが、商談に欠かせないものです。

そこで、あなたは社内にいる同僚に電話をかけ、ＰＤＦにしてメールで送ってもらおうと考えました。

さて、あなたは1枚のペーパーのありかを素早く同僚に伝え、行動に移してもらうことができるでしょうか？

「そんなのカンタン。袖机の上から2番目に入っている透明ファイル『○○社資料』と書いてあるのがそれだから」

とあっという間に頭の中にデスクの見取り図が描ける人もいれば、

「えっと……ちょっと待って、分厚いファイルに挟んだ気がするけれど……違うかな？」

と、混乱する人もいます。

デスクの見取り図が頭に描ける人は、

・整理整頓ができている
・仕事のほとんどをルーティン化しているから、身体に作業の流れが染み込んでいる
・ムダな動きが少ないから、どこに何を置いたか？ いつどんなことをしたのか？を明確に覚えている

……といえる人です。

一方、モノのありかが即座にわからない人は、

・整理整頓が苦手で、目標も散らかっている
・仕事のルーティン化率は低く、仕事に取りかかるまでに時間がかかる
・ムダな動きが多く、身体を使っている意識はあるが、仕事の体をなしていない

……という「残念な人」です。

職種や立場によっても異なりますが、仕事は8割ルーティン化するのが理想です。

しかし、「ルーティン化」に拒絶反応がある人もいるはずです。

それは、ルーティン化のマイナス面として考えられる、

・誰にでもできる仕事というイメージ
・やりがいが感じられない懸念
・単純作業に終始して飽きる

が念頭にあるからでしょう。さらに一番は、自分の代わりはいくらでもいると思ってしまうことだと思います。

でも、それでいいじゃないですか。

仕事の8割はルーティン化して、残り2割はあなたにしかできない仕事に集中する。

2割の部分で、誰にも真似ができない「あなた色の仕事」を創造すればいいのです。

ルーティン化のメリットはたくさんあります。

①業務の効率化がはかれる
②ストレスの軽減につながる
③クオリティが確保できる
④その分、集中力がアップする
⑤何といっても、スケジュール管理がしやすくなる

ラクになる、忙しさが軽減する……それでもあなたは仕事の8割ルーティン化に反対しますか？

「あなた色の仕事」は2割の部分でやる。

豊かな時間は「まだ・もある思考」から生まれる

「あと10分しかない」ととらえるのと「まだ10分もある」ととらえるのでは、心と行動のゆとりに大きな違いが生じます。

前者を私は「あと・しか思考」と呼び、後者は「まだ・もある思考」と名づけています。

「あと・しか思考」になると、焦りからミスを誘発、その時間内に難なくできることができなくなることすらあります。

一方、「まだ・もある思考」で行動すると、落ち着いて物事を進めることができ、通常よりも仕事が早く終わるだけでなく、ミスやトラブルなどが生じることもなくなります。

私たちは、1日は24時間という中で生きています。

ビジネスパーソンならば、世界中の人に平等に与えられた24時間の中で成果を出すという宿命を背負っているのです。すべての仕事には締め切りがあり、それを待っている相手がいるということです。


しかし条件が同じなのに、「忙しい」「時間がない」とキリキリ舞いをするだけで成果が伴わない人もいれば、忙しいはずなのに涼しい顔をして、やりたいことをスイスイ成し遂げる人もいます。

あなたには絶対、後者になってほしいのです。

それには特別な能力は必要ありません。


「あと・しか思考」を捨て、「まだ・もある思考」に切り替える。

それだけでも、「忙しい」「時間がない」とはいわなくなります。

「『まだ・もある思考』では、悠長に構えて行動が伴わないのでは？」と心配するあなた。大丈夫ですよ。

たとえば「あと10分しかない」を、「まだ10分もある」と転換させると、心が整い、やるべきことの優先順位が即、見えてきます。

あとはそのプロセスを淡々とこなせばいいのです。

「まだ・もある思考」は時間活用の核。

第2章

「やりたいこと」に最短距離で届く人づき合い

人間関係も「メモして捨てる」が基本

Q2

あなたが面倒に感じている人間関係を順番に
5つ書き出してください。

①

②

③

④

⑤

この章の狙い

何かやろうとするとき、共感して手伝ってくれる人の顔が、何人浮かびますか？

手間や労力を喜んで差し出してくれる人が、何人いますか？

「えっ？　とっさに浮かばない」「そんなこと、考えたこともない……」

「やりたいことを全部やる！」ために必要なのは、あなたを応援してくれる100人のファンと、知識や知恵を授けてくれる10人の仲間、そしてどんなときでも支えてくれるひとりの大切な人を持っていることです。

それは、チャンスもお金も、良好な人間関係が運んでくるから。


だったら、自分を知ってもらうために、たくさんの人に会えばいいのでしょうか？

そう単純なことではありません。

精神的にも時間的にもやりたいことを阻む存在になりがちなのが、人間関係だからです。

逆をいえば、人間関係を整理することで、「やりたいことを全部やる！」人生が近づくのです。

そのためにもまずは、「面倒に感じている人間関係」を書き出してみること。

そして、ストレスの原因になっている人、トラブルを呼びそうな人とはすぐに縁を切り、尊敬する人、信頼できる人に集中していくこと。

人間関係では「スクラップ＆ビルド」を繰り返し、常に新鮮で刺激的な人を周囲に置くことを心がけるのです。

私は、東京から熱海に住まいを移すのを機に、それまでの人間関係を見直しました。

人間関係の整理が、心躍る日々を過ごすことにつながると再認識しています。

「整理するなんてムリ！」と思う方も多いでしょう。

でも、一番大事なのはあなたの人生ですよね。

この章では、やりたいことに最短距離で届く人づき合いの極意を、３段階方式の「②捨てる」を中心にお話ししていきます。

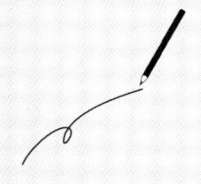

ストレスになる人間関係。まずはありのままを書き出してみる

あなたが面倒に感じている人間関係を順番に5つ書き出してください。

心は音《ね》をあげているのに、世間体や評判、お金にとらわれ、いやいやつき合っている相手はいないでしょうか？

ここに書くのは、正直なあなたの思いでいいのです。

頭の中に浮かんだままを、素直に書いていきましょう。


著述活動や講演などで活躍されているEさんが教えてくださったリストです。

①面会の依頼をしてくる、会ったことがない人
②コメントを無償で求めてくるメディア関係者
③「アドバイスがもらいたい」と長文のメールを送ってくる人

図2−1

Q2

あなたが面倒に感じている人間関係を順番に
5つ書き出してください。

① 面会の依頼をしてくる、会ったことがない人

② コメントを無償で求めてくるメディア関係者

③ 「アドバイスがもらいたい」と長文のメールを送ってくる人

④ お世話になった方絡みで、誰でもできるような仕事を依頼してくる人

⑤ SNSを通じて、匿名で言いがかりをつけてくる人

④お世話になった方絡みで、誰でもできるような仕事を依頼してくる人
⑤SNSを通じて、匿名で言いがかりをつけてくる人

Eさんが今注目を集めている方だとわかりますね。

活躍しているからこそ、「アンチ」が出てくる。また、以前お世話になった方を通しているから「断れない」と高をくくっている人や無償で仕事を依頼してくるメディア関係者などが出てくる。

活躍するほど、面倒な人間関係は増えてくるものです。

あなたにも覚えがあるでしょう。この

あたりで人間関係を見直さないと、「やりたいことを全部やる！」という目標への距離が遠のいてしまいます。

ではどうしたらいいのか？

それは人間関係の整理に尽きます。以降で、考え方と整理法をお教えしましょう。

なお、人間関係については、時間やお金、モノと違って、問題が顕在化している傾向があります。「苦手な人」や「ストレスの原因」を自覚できている場合が多いということです。

わかっているのになかなか捨てられない。それがさらなるストレスを招きます。

そのため、この章では「①書き出す→②捨てる→③集中する」の、②を中心に解説していきます。

整理することを恐れない。

あなたの周囲にいる「悪魔」

先に書き出した、面倒に感じている人間関係をじっくり観察してください。

それらがなかったら、どれだけ心穏やかに過ごせるのか？

それらに時間や労力をどれだけとられているのか？　考えてほしいのです。

そして、あなたがスルーするだけでなくすことができる人間関係から、どんどんゴミ箱に投げ捨てるつもりでなくしていきましょう。

人をゴミ箱に捨てるなんて、キツい物言いだと思う方もいるでしょう。

でも、それぐらいの意気込みがないと、しがらみや世間体や評判や常識に縛られて、面倒な人間関係と決別することができません。

成果をあげる、目標を達成するためには周囲の手助けが必要です。しかし、それらに寄与するのは、あなたを支えてくれたり応援してくれたり、ときに厳しいアドバイスをくれたりする「大切な人」だけ。いわば、あなたの価値を高めてくれる人です。

こうした人に対しては、あなたも「この人の役に立ちたい！」と思うでしょう。自分がそう思える相手だけを大切にして、それ以外の人間関係はスルーする。かかわらないと決めるのです。ネガティブな空気を漂わせる人やあなたの時間に遠慮なく踏み込んでくる人、損得勘定を匂わせてくる人とは即刻手を切りましょう。

彼らは人間関係を複雑にするだけでなく、あなたが成果を出せば嫉妬する可能性がある「悪魔」です。そんな人たちが周囲にいたら、あなたの「大切な人」もアプローチができなくなります。

誰に聞いても「人間関係を整理する＝捨てる」のは難しいといいますが、限りある人生、どうでもいい人に時間を侵食されネガティブに過ごすのと、大切な人と充実した時間を過ごし、「やりたいことを全部やる！」のではどちらがいいか？

考えるまでもありませんよね。

書き出して「捨てるべき関係」をピックアップ。

おもてなしの神ゼウスの教え

「ゼウス」の名や存在は、宗教や世界史に興味がない人でもご存じでしょう。

古代ギリシャの最高神であり、オリュンポス神族の長。

そんなゼウスは、人間関係にまつわる逸話も有名です。

「客の接待を奨励する神」（おもてなしの神）としても知られるゼウスは、貧しい旅人に扮して、人々がどれほど旅人に親切かを試しました。何百軒という家を訪ね追い払われましたが、一軒だけ手厚くもてなしてくれた老夫婦がいました。彼らは自分の食べ物も十分でない中、ご馳走を振る舞って丁寧にゼウスをもてなしたのです。

後にゼウスはその老夫婦に大きな幸福を与えたといいます。

老夫婦の見知らぬ旅人に対する見返りを求めないもてなしは、人間の善性ともいえるものでしょう。

２０２０年のオリンピック・パラリンピック開催が東京に決まった直後から、私たちは「おもてなし」という言葉を頻繁に口にするようになりました。「おもてなし」が持つ本来の意味は、人間同士のつながりを大切にする心から生まれる「歓待」です。相手が喜ぶことをする、相手を笑顔にさせる。相手の役に立つ。ところが、今、私たちが行っている「おもてなし」には、「見返り」を求める気持ちが色濃くあるように感じます。

無償の愛を注ぐとか、損得勘定抜きのつき合いをしていると口ではいっても、現実に１００％そうした行動をしている人を私は知りません。

「私はこんなにしているのに、相手は何もしてくれない」。そう思うのが人情です。人はわがままな生き物。微塵のメリットも期待しない「おもてなし」は、残念ながら存在しません。けれど、「大切な人に何をするか？」という視点で行動するだけでも、あなたの人間関係はすっきり整っていくと考えます。

「大切な人に何をするか？」の視点。

「大切な人」はライフステージで変化する

「あなたの大切な人は誰ですか？」

こう聞かれて即座に答えられるのは、自己分析ができている人。そうでなかったとしても落胆しないでくださいね。

「大切な人」は年齢や仕事、置かれている環境などによって変化するのが自然なことです。答えに詰まるのは当然。いつも変わらず、「最愛のパートナーです」「仕事を教えてくれる上司です」というのは、私には考えられません。

「大切な人は誰か？」。私はこう書き出しました（2019年7月10日時点）。

それは、ズバリ「本書にかかわるすべての人」。

なかでも、企画立案、編集に情熱を傾けてくれる担当者です。

執筆というと孤独な作業のように思うかもしれませんが、ひとりで完結する仕事などこの世にはありません。どんな仕事でも、支えてくれる誰かの力が必要。

それは数の問題ではなく、ひとりでいいから「大切な人」を見つけるということです。

「大切な人」は、疑問を投げたら丁寧に答えてくれる、独り言のような質問にも即、反応してくれる。いいにくいことも、言葉を選んで教えてくれる。

そこにはお互いを刺激し合う、気づきや学びがあるのです。

そうした積み重ねの中で、信頼や信用、相手へのリスペクトが生まれ、成果を導くと確信しています。

現実にはありませんが、大切な人がどんな無理難題な仕事を提案してきたとしても、「大丈夫！　問題ありません。締め切りは守るから」と笑って応じます。

それが私から、「大切な人」への答えです。

ひとりでいいから今、「大切な人」を見つける。

相手の急所をつかむ「人たらしスキル」

「人たらし」という言葉を聞いたことがありますか？

女性を弄ぶ男性を「女たらし」と称するように、どこかマイナスなイメージを持たれてしまう「たらし」ですが、老若男女を問わず相手をトリコにする「人たらしスキル」は、仕事でもプライベートのつき合いでも活躍します。

以下、臼井流「人たらし」の４箇条をお教えしましょう。

①「人たらしスキル」は相手の話をきちんと聴くことから生まれる

傾聴し、共感や理解、感動を「なるほど」「わかる！」「素晴らしい」などと声にします。自分の意見と反する発言があっても、頭ごなしに否定しないでいったん受け入れてから自分の意見を伝えます。すると反感や反論が入り込む余地がありません。

②「人たらし」は、誰に対しても感謝と親切心を表現する

人が嫌がることをしないのはもちろん、誰に対しても感謝と親切心を表現します。

「そんな対応をしていたら、面倒な人も増えるのでは？」

そうした心配はもっともですが、面倒な人は「自分は特別な存在だ」と思いたい傾向が強いですから、誰に対しても感謝と親切心を表現するあなたでは満足しません。徐々に面倒な人は消えていきます。

③本人も気づいていないようなところを褒める

「人たらし」は、本人も気づいていないようなところを褒めるのが上手です。

「○○さんの文字は読みやすい。さっと理解できるので、助かります」

「○○さんの『おはようございます』を聞くと、やる気が湧いてくるんですよ」

……と具体的に褒めるのです。

④ミスを許し、学びに変え相手の信頼を得る

ミスをして落ち込んでいる同僚に、

「私も同じミスをしたことがあるんだ。そのときはこうやって対処したよ」

などといいたくない過去の自分の話をすることで、相手の心に寄り添いながら、フォローします。自慢話はしたがる人が多いですが、失敗談は隠しておきたいもの。ですから失敗談を語ると、人は心を許してしまうのです。

相手が反省すればミスを学びに変えるよう励まし、相手の信頼を得ます。

「女たらし」や「男たらし」では、異性は逃げ同性からは敬遠されますが、「人たらし」なら誰からも好かれ仕事で足を引っ張られることも、プライベートで妙な争いに巻き込まれることもありません。

相手をトリコにする4つの極意。

SNSの人間関係はスクラップ&ビルド

SNS上の人間関係に悩んでいる。常にSNSを見ていないと不安を感じる。SNSに夢中になりすぎて睡眠不足になる。やるべき仕事の納期に遅れる……SNSが及ぼす問題を頻繁に耳にするようになりました。

あなたにも心当たりがあるのではないでしょうか。

そうでしたら、今こそ「SNSの整理」を実践しましょう。

LINEやフェイスブック、ツイッターなどSNSを仕事でも使うことが一般的になってきた今、24時間、取引先や上司、同僚、友人、知人、家族とつながることに息苦しさを覚える人も多いでしょう。

SNSで連絡が入ると、すぐに返信しなくてはいけないと焦り、仕事が中断され効率が下がる。送信者は、「SNSは見ていて当然」という気持ちになりがちで、返信が遅いと「どうしたんだ」「何かあったのか？」と不安になる、ストレスが生じるというおかしな状況になっていますよね。

私はフェイスブックを中心にブログやツイッターを使っています。

更新はほぼ毎日していますが、それは著作のPRや講演のネタ探しが目的。「読者から届く質問に答える」ことをしたり、ちょっとだけプライベートを明かすことで、親近感を抱いてもらい、本や講演に関心を持ってほしいという私なりの目的があってのことです。

ですから、その目的から外れたメッセージやコメントがあっても答えません。

パーティや勉強会の誘いはいくつも舞い込みますが、SNS上だけでつながっている人とは接しません。参加するか否かも表明しない、完全スルーを決め込んでいます。

それでSNS上で文句や批判の嵐になっても、構いません。

そんなことをする人は、つき合う価値がないから即ブロックします。

先日、友達5000人、フォロワーは3万人以上という方と話をする機会がありました。

私が最初にぶつけた質問は、「それが、どんなメリットをもたらしてくれたの？」。

その人は、「友達が多いと楽しいじゃないですか」と返しました。

「楽しいのはわかるけれど……ほかにもありますよね、教えてくださいませんか？」

多くのフォロワーを持つ方から直にSNSの人間関係について知見を得る機会はめったにありませんから、素朴な疑問を投げたのです。しばらく沈黙が流れた後、

「臼井さんはSNSを否定しているの？　自分だってやっているのに」

と不機嫌そうに答えたのです。

彼のSNSを見ると、この人とつながっていたらキーマンを紹介してくれそう、お金になりそう……そんな匂いを漂わせるフォロワーがたくさんいました。ブロックしたくなるようなコメントや機械的な「いいね」もあって、正直げんなりしました。

その人はそうしたコメントやメッセージにも、丁寧に対応。全部に返信しているそうです。

その時間を、ビジネスのアイデアを考えることにあてたり、お世話になっている方へ手紙を書いたり、書籍を読み気になる箇所をメモするなど思考の整理やアウトプッ

ト、知識のインプットに使ったほうがより充実するのでは、と思ってしまいました。

目的なくSNSを始めた人、SNSが及ぼす影響力（怖さ）を過小評価して始めた人はここで立ち止まってほしいのです。

名前も顔も知らない人はもちろんですが、SNS上では名前が知られている人でも、会ったことがない人は、友達リストから削除することをおすすめします。

そうした人を抱えていても、時間と労力の浪費、「SNS疲れ」に陥るだけ損です。

SNSの人間関係はスクラップ&ビルド。

ストレスを感じる人はどんどん削除して、好意や興味を抱く人と関係性を築く。

SNS上の人間関係は表面的なものです。仮にやめても、本当に大切な人や必要な人とは関係は続きます。案じることはありません。

SNSを整理すれば心と時間の余裕が生まれる。

仕事の人間関係。最初は「コバンザメ方式」で

世間では、ラクして稼げる仕事を探したり、稼げる方法を知っている人について回って「コバンザメ方式」で稼ごうとしている人が多くいます。今となっては距離を置いてそうした方々を見つめていますが、かつての自分はどうだったかといえば、会社の経営が軌道に乗るまでは「コバンザメ方式」を大いに取り入れていました。

おいしい仕事にありつきたくて、業界の大物やその道のオーソリティに偶然を装いながら接近して「ご縁がありますね」「運命を感じます」なんて、振り返ると恥ずかしくなるセリフを真顔でいって仲良くなる「コバンザメ」。

そして仲良くなった人から、ビジネスセンスや流行のつくり方、時代を読む力やマスメディアの動かし方などを学びました。

著述家になるのが目標になった頃には、大御所のビジネス作家の「コバンザメ」に

なって、企画になるネタ探しやキャッチコピーのつくり方、プロフィールの重要性、出版業界の潮流などを学ばせていただきました。

とはいっても、「こうしたらいい」とか「これはダメ」なんて教えを受けたのではありません。できる限りその人のそばにいて、業界の匂いを感じていたのです。

日本のビジネスシーンも実力主義になってきたとはいうものの、昇進や昇給、出世を決めるのは、直属の上司。その「YES」がもらえないことには、始まりません。

ですからまずは、直属の上司の「コバンザメ」になって、気に入られる努力をする。

バカげていますが、組織で頭角を現していくためには、ここは外せない「ツボ」です。

あなたが会社に貢献する商品を開発する実力の持ち主であっても、上司が取り上げてくれないならば、浮上できないのが常。

でも、「コバンザメ」になる相手が無能な上司の場合は？

私だったら、「コバンザメ」になりつつ、その上司の無能さに嫌気がさしている、別の有能な上司に「自分はあなたと仕事がしたい」とこっそり直訴します。

あれこれ理由を述べる必要はありません。

無能な上司を見限りつつ、尽くす。彼を支える仕事を、一生懸命にするのです。

すると、頃合いをはかって有能な上司から、「自分のプロジェクトを手伝わせたい」というようなオファーが入ります。

そうしたら、待っていました！

有能な上司のもとで、ビジネスセンスやスキルを磨く「コバンザメ」になるのです。

この策は、日本の99％を占める中小企業にお勧めの方に有効。大企業にお勧めの方は、問題が生じる可能性もありますから、実行する際には神経を使ってくださいね。

「コバンザメ」方式は、人に頼ってビジネス社会を生きる術ではありません。

自分がやりたいことをやるために、できる限りよい環境に身を置くという意味です。ただし中間管理職になる頃には、方針転換。自分のカラーを出す。これです。

他の人はやりたがらないが、会社のためになることを見つけ、知恵を絞り試行錯誤しながら自分を売り込む。そのほうが達成感も生まれますし、中間管理職からトップへと昇り詰めるのも早いといえます。

「コバンザメ」を経験してから自分のカラーを出そう。

相手がなぜ苦手なのか。書き出して行動した結果

取引先に苦手な相手はいませんか。取引先とはいえ、相性というものがあります。「できる限り会いたくない」「もう顔を見るのもイヤ」といった相手も中にはいるかもしれません。私自身、かつてそういう人物がいました。

しかし仕事を頂戴している取引先です。嫌悪感を滲《にじ》ませることはできないですし、いやいや仕事をする時間は、生産性が乏しいとしかいえません。

そこで、商談の時間に、心にハートマークを描きながら（相手が好きという表明です）、なぜ目の前にいる人がイヤなのかを分析し、商談後ひとりになってからそれをメモに書き出してみることにしたのです。

分析なんかしないで、商談に集中すればいいと思う方が多いでしょう。

その考えはもっともですが、イヤの原因を分析しないで取引を続ける、会い続けれ

ばやがて嫌悪感が相手に伝わってしまう。好きを演じ切るにも限界があるからです。

分析して書き出した答えは、「できる人を演じている感が伝わってきて、嫌味に映る」。それが、一番の理由でした。「そうか……彼は本物のできる人ではない」。とはいえ、担当を代えてもらう理由にはなりません。

そこで彼の上司に挨拶をしていないことを思い出し、次の機会に、

「いつもお世話になっているのに、○○さんの上司にご挨拶をしていませんでした。ご紹介いただけませんか？」

と告げました。

「わかりました、営業部長と専務がおりますので、ご紹介します」

その瞬間、心の中で快哉《かいさい》を叫びました。営業部長の手腕や会社創成期からのメンバーである専務の辣腕《らつわん》ぶりは、耳にしていたからです。

そして面談。おふたりとも紳士的で偉ぶらない、うわさ以上のできる人です。「やっと、本物に会えた……」。面談の中で、実際に決定権があるのは2代目の社長ではなく専務であることもわかりました。「狙うのは専務、その前に営業部長に気に入られること」。それがわかったら失礼な話ですが、担当者は「橋わたし」にしか過ぎません。

その先にいる営業部長や専務を意識するように変わりました。

取引先との人間関係は本物志向で。そう吹っ切れたのです。

その後は、商談に伺うたびに極力、営業部長と専務に挨拶をするようにしました。

もちろん、現在の担当者には、

「○○さんが専務に押してくださったから、決まったのですよね」

「営業部長の○○さんへの信頼は、スゴいものがありますね」

とフォローすることは忘れません。そうこうするうちに、その苦手な人物は仕事を決めるキューピッドで、ありがたいと思えるようにまでなりました。

このときの私のように、苦手な人物をキューピッドと思えるようにならなかったとしても、ものは考えようです。嫌いな相手とは、プライベートの時間までかかわらなくてはいけないわけではありません。職場でずっと過ごす相手ならともかく、ビジネスだと割り切って、嫌いな相手でも、普通に接する役柄を演じ切りましょう。

イヤな担当者が仕事を決めるキューピッドに。

名刺メモで「宝の持ち腐れ」を回避する

あなたはこれまで何人の相手と名刺交換しましたか？

今、手元には何枚の名刺がありますか？

何百枚、何千枚と名刺を放置しているのは論外ですが、それらをデータで管理して五十音順に並べたり、業種別に名刺ホルダーに整理していたとしても、最適なシチュエーションで最適な名刺を見つけ出すことは難しいでしょう。


初対面のときどんな話をしたのか、それでどんな反応だったのか。

共通の趣味や相手の好みなどは把握したのか。

どんなモノやサービスを提供している会社だったのか。

その人は会社で決定権があるのか。

図2-2　名刺メモ①初対面でのメモ

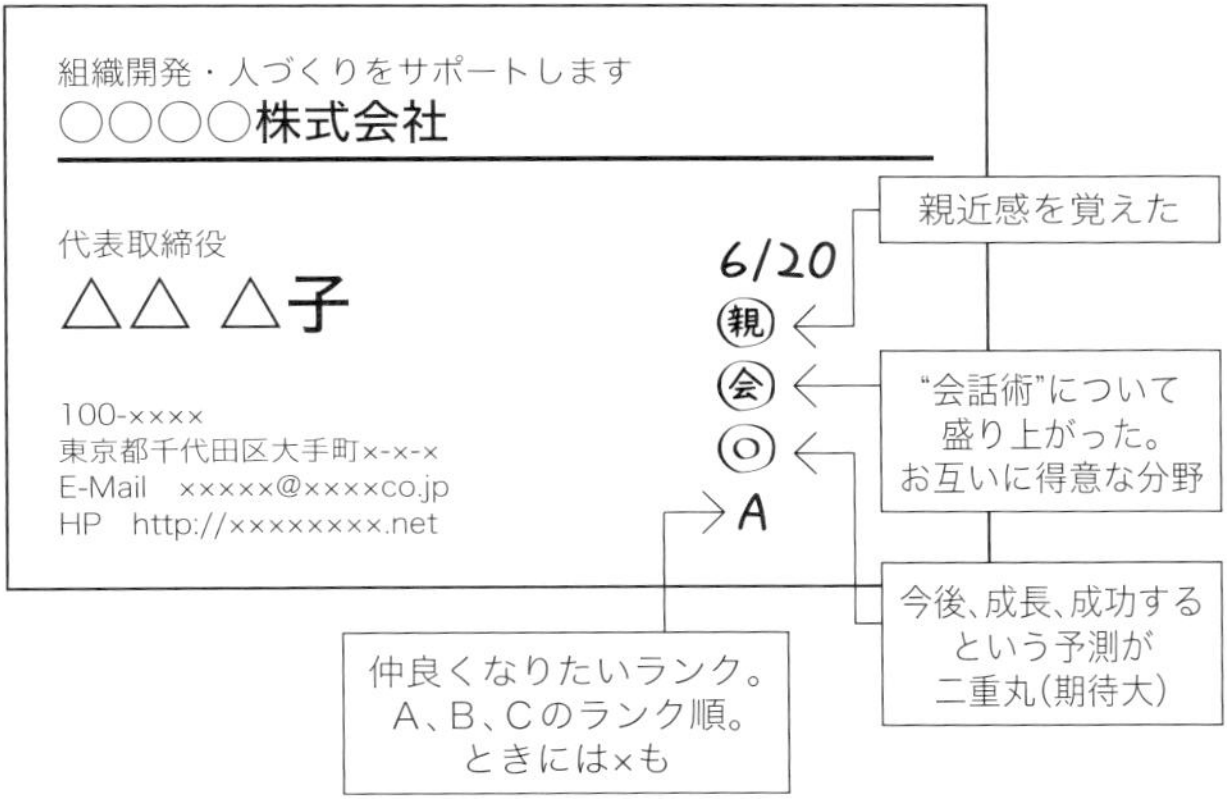

見込み客やブレーンとしてどの程度有望なのか。

こうした関連情報が即座に思い出せない状況にある名刺は宝の持ち腐れです。

そうならないためには、話題にあがった出来事や相手が興味を持っていることなどを名刺にメモすることが大事です。

その際、日付、出会った状況はもちろん、顔や身体の特徴など印象に残ったことも欠かさずメモしましょう。

名刺はビジネスのメモ帳になる。

週に一度、不要な名刺を整理

ここで臼井流「名刺整理」のテクニックを紹介しましょう。

そもそも名刺整理の目的は2つあります。

・顧客として育て、売り上げを増やす（お客様にする）

・ビジネス上、力になってくれそうな人脈を構築する（ブレーンにする）

目的は正反対ですが、共通しているのは必要なときに最適な相手を思い出すことができるか否かです。

新商品を売り出す際に、「あの会社なら興味を示してくれるかもしれない」と思い出せるか、新たなプロジェクトで協力を得たい会社を探す際に「あの人（あの会社）ならば、力を貸してくれそうだ」と思い出せるかは、いかに名刺を上手に整理しているかにかかっています。思い出しやすい状態にしておくのが名刺整理の究極の目的で

図2-3　名刺メモ②アップデートしたメモ

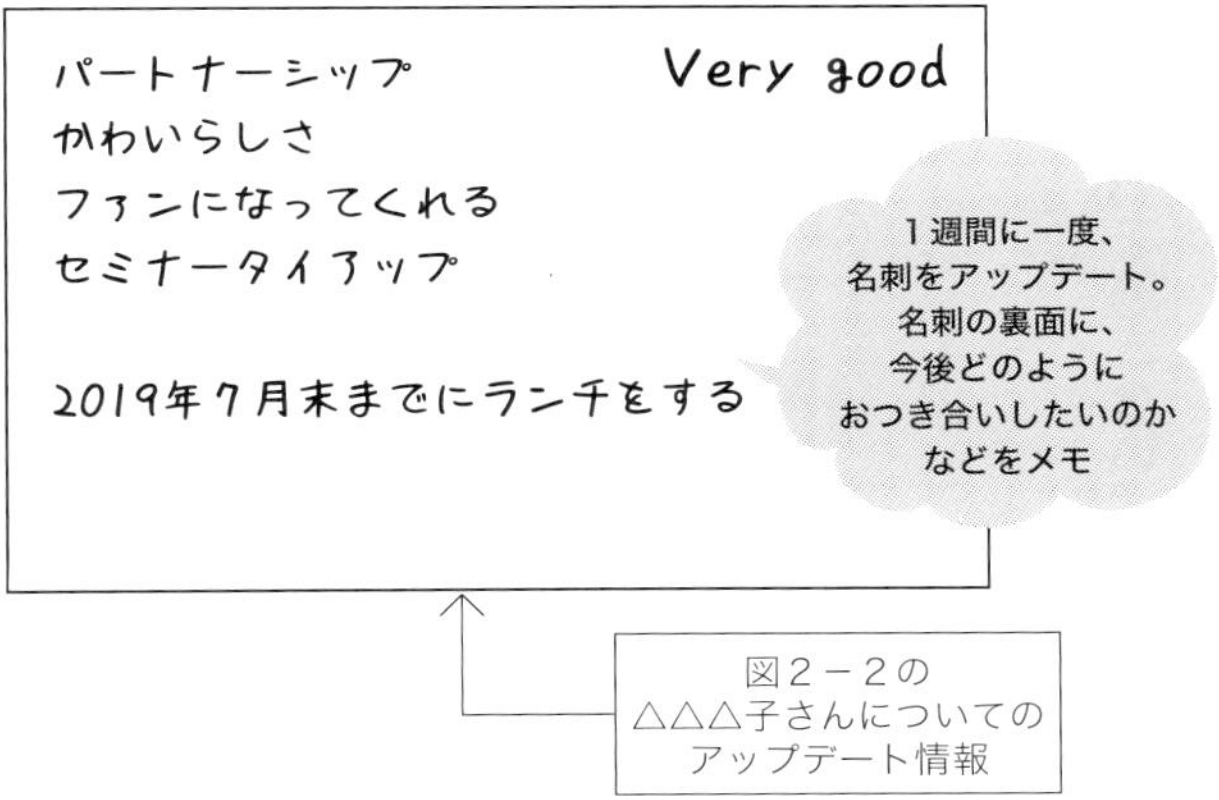
パートナーシップ
かわいらしさ
ファンになってくれる
セミナータイアップ
Very good
2019年7月末までにランチをする
1週間に一度、
名刺をアップデート。
名刺の裏面に、
今後どのように
おつき合いしたいのか
などをメモ
図2－2の
△△△子さんについての
アップデート情報

す。

私は著作、講演、経営コンサルタントなど複数の分野で仕事をさせていただいています。名刺交換の機会も多く、名刺の数は増える一方です。

名刺の数だけ人と会っていることになりますから、名刺が増えることは喜ばしい。ただし、増えていく名刺をキチンと整理できていることが前提条件になります。

そこで、月曜日から金曜日までに仕事でいただいた名刺は、いったん時系列で名刺ホルダーに保管。土曜日の朝に、丁寧にいれた珈琲を飲みながら名刺を広げ、「見込み客やブレーンとしてどの程度有望か?」「積極的におつき合いしたい方か? 遠慮したい方か?」と、1週間の仕事を振り返りながら名刺を整理しています。

ここでいう名刺整理とは、不要な名刺を捨てること。

ショックに感じた方がいらしたら、ごめんなさい。

必要と感じた名刺はその人自身として大切に扱っています。

翌週には、再会したい旨のメールを出したり、電話でアポイントをお願いしたり、面談のお礼をしたためた「一筆箋」を送ったり。

1週単位で整理し、残った名刺は「大切な人」「ファン」「ブレーン」「お客様」など仕事や人生を彩る欠かせない基礎になる宝物ですから、相手が喜ぶことは何か? これからどうつき合っていくのか? 相手の顔を思い浮かべながら、名刺メモをアップデートしていきます。

機を見るに敏、が大事。こうして旬な出会いを逃さないでくださいね。

旬な出会いを逃さない。

誰にでも年に一度、人づき合い見直しの絶好機がある

なかなか会えない友人や知人の近況を知ることができたり、仕事では剛腕ぶりが際立っている方の微笑ましい家族写真が見られたりと、うれしい発見があるのが年賀状です。

しかし管理するのはなかなか大変。無造作に輪ゴムで縛り引き出しに入れるだけで、必要なときに見つからず大慌て。「これではいけない」と買った年賀状専用ホルダーは、その年は頑張って使ったけれど、差し替えるのが面倒で放置……。

そんな私でしたが、自分に合った方法を編み出し、年賀状はもちろん、喪中はがき、住所変更はがきも管理できるようになりました。その方法を紹介しましょう。

まず、増えがちな年賀状は3年分だけ保管するというマイルールを決めました。

年賀状を書こうと思ったとき確認したい事柄が出てくるので、喪中も考え保管は3年としています。ただし、いただいた年賀状すべてを3年分保管しているわけではありません。

新年は、不要な人づき合いをやめ、価値ある人を見極め新しい自分に踏み出す好機。

そんな意図で、「大切にしたい人」を基準に1枚ずつ丁寧に目を通して、不要だと感じた年賀状は外し、当選番号発表後に「これまでおつき合いいただいてありがとうございました」と感謝を声にしながらシュレッダーにかけ処分しています。

そのほかデザインに惹かれたり、興味深い写真入りで取っておきたいと思う年賀状や、自分が出した年賀状は原本として、百円均一ショップで買った「はがき整理ケース」に入れて保管。年の途中で届いた住所変更はがきや喪中はがきは、その年の年賀状と一緒のケースに入れておきます。

年賀状を作成するときにはこのケースを手に取れば、喪中の方に誤って年賀状を出してしまうミスも防げます。

保管場所は、クローゼットの最上段。季節物の帽子やファーなどを置いてある、普段は手を伸ばさない場所です。年賀状の出し入れはあまりないので、ここで保管しているわけです。

忙しい年の瀬。

記憶の片隅にある、届いているはずの住所変更はがきを探したり、喪中の方にお送りしていないか不安になったり、そんな時間を過ごすのはムダでしょう。

そうならないように、年始に「大切にしたい方の年賀状」を厳選し、おつき合いを深めていく。

残っているのは「価値ある年賀状」ですから、どなたにどんなひと言を添えるかも自ずとわかり、年末、年賀状書きに追われず、慌てないですみます。

そうして生み出された時間を、自分のやりたいことにあてるのです。

感謝を声にしながら不要な年賀状は処分する。

友達を〝掃除〟する3つの視点

部屋の掃除と同じ以上に「友達の掃除」が大切だと私は考えています。

私たちが抱えるトラブルや悩みの多くが、人間関係が発端になっているからです。

友達は多くいりません。極論、ひとりいれば十分です。

友達の掃除が行き届けば、自由な時間が増えストレスから解放され、新たなことに挑戦する意欲が湧いてきます。仕事もうまくいきます。

経験則ですが、「友達の掃除」がもたらすメリットは計り知れないほどあるのです。

〝掃除〟するべき友達は3つのタイプに分類できます。

①他人の悪口や不平不満、仕事のグチが多い人

その人とかかわっていると、あなたも同類と思われるだけ損です。

②自慢話や昔話が多い人

それは何も成長していない証。ときに思い出話に花が咲くこともあるでしょう。しかし、いつもそれでは将来がありません。友達とはお互い成長していきたいですよね。

③リスペクトできるところが見つからない人

リスペクトといっても大げさなものではありません。「彼女はここが素敵」とか、「彼のここを見習いたい」というような相手の「いいところ」が見つかればいいのです。

友達とは連絡を取り合っていなくても何事もなかったかのように、仲良くできる関係の相手です。用もないのに電話やＬＩＮＥをしてくる、頻繁に接触しようとするのは、友達という仮面をかぶった「時間泥棒」です。

お互いを高め合うでもなく、刺激し合うでもない、馴れ合いの関係にある半端な友達は不要です。

友達は時間泥棒にもなる。

「ただの知り合い」が多い人は人生で損をする

社会人になると「ただの知り合い」が、どんどん多くなります。

ポストがあがり評価も高まれば、先方はあなたの顔を知っているが、あなたは知らない「妙な知り合い」も増えます。

なかには「私は○○さんと懇意だ」なんて、会ったこともないのに親しさをアピールする相手も現れてきます。

一方で、仕事や人づき合い、家事に育児に忙しい身になれば、「知り合い」は多くても「本当の友達」は少ないか、まったくいなくても不思議ではありません。

実際、私に本当の友達と呼べる人ができたのは最近。ですが、いまだに「親友未満友達以上」といったところです。

仕事でかかわる「知り合い」は大げさではなく何万人もいる私ですが、プライベートとなると、心を許せる尊敬できる友達はごく数人です。

「私は友達が少ない」とこぼしている人もいますが、それでいいのですよ。

フェイスブックの友達が5000人、ツイッターやインスタグラムのフォロワーが何万人と誇っている人は「時間泥棒が多くて大変だな」と思います。

そういう人は「友達」と「知り合い」の区別ができない。顔も知らない人を「知り合い」だととらえているのですから。

会ったことがない友達や顔も知らない知人。

そうした人たちは、あなたが「やりたいことを全部やる！」人生を送るために必要な存在ですか？

会ったことがない友達は本当に必要？

不要な人間関係が招いた大きなトラブル

人間関係が招く深刻なトラブルに、ストーカー被害があります。

ストーカーと聞くと相手に一方的な恋愛感情を抱いた人と考えがちですが、有能なビジネスパーソンがストーカーになるケースは珍しくありません。

それは異性だけでなく同性に対しても同じです。また、男女は関係ありません。

「そんなこと、信じられない」という方が多いかもしれませんね。

これからお話しするのは、私の体験。事実です。

10年以上前になりますが、よく知る男性から「会社経営に加わりたい」といわれ拒絶したことをきっかけにストーカー行為が始まりました。身の危険を覚えるような暴言をぶつけられたこともあります。

執着心が強く、行動力があってアタマがいい、いわゆる「デキる人」はその能力が仕事に向けられると高い成果をあげます。しかし、何かの拍子に挫折をしてその原因が他者にあると考えるようになると、特定の相手につきまとい、待ち伏せたりSNSを介しての暴言を吐いたりするようになります。

現役のビジネスパーソンでも、競争社会でストレスが過剰にかかると、無意識にストーカー行為への欲求が高まるということがあります。

普段はおとなしいけれども、ストレスの多い環境では凶暴になる人もいます。

恋愛関係が発端ではない「ストーカー」もいる。

SNSの普及で誰もがストーカー被害にあう可能性がある。

読者の皆さんもそれを肝に銘じてください。SNSでもリアルでも不要な人間関係はつくらない、早めに断ち切ることをおすすめします。

ビジネスシーンでもストーカーはいる。

「面倒な人」はフェイドアウトで整理する

あなたの周りにいませんか？

しょっちゅう電話をかけてくる「親友きどりの人」や、毎日のように「お疲れ様メール」を送ってくる同僚など。

「フェイドアウトしたい！」。そう感じたときが好機です。

なぜフェイドアウトしたいのか、まずは理由を書き出してみましょう。

自分の話ばかりをする自己中さんや、上から目線の発言しかしないプライドが高い人。どんなときも発言の主導権を握ろうとする人、「超かわいい」「ウケる〜」なんていい年齢でありながら軽いノリで話をする人など。

あなたが会話をしているとき、何か違和感を覚える相手はつき合うべき人ではありません。ましてや友達のリストに載せてはダメ。

どうやって離れるかを考えるのです。

不愉快な思いをしてまで、つながりを保つ必要なんてないでしょう。

離れるには、徐々に連絡を控えていく、フェイドアウト法が一番自然なやり方です。

けれど、しつこい相手はひと筋縄ではいかない……。

あなたと連絡が取れなくなると、共通の友人を使ってあなたの様子を探ったり、住所を知っていれば手紙を送ってきたり、いきなり訪ねてくることもあり得ます。

自分が好かれている自信が強い人は、実際にそんなこともするのです。

私がこれまで一番困惑したのが、理解者、応援者の顔をして、

「元気？　風邪ひいていない？」

「疲れているんじゃないの？」

「ひとり住まいは何かと大変だから」

と頻繁にメールを送ってきた人です。趣味の会で知り合ったのですが、相手が私に求めたのはしょっちゅう連絡を取り合う深く濃い関係性。私にとっては単なる知り合いのひとりですから、思惑が違いすぎます。

こうした場合は、忙しいことを伝えてみるのが一番です。

「仕事が山積みで、メールや電話をいただいてもお返しできません」

「仕事が忙しくてプライベートに時間を割けません、あしからず」

自分から会話を終わらせる文章を私は送信しました。以来、連絡はありません。

人間関係は面倒なことがたくさんあります。

フェイドアウトの方法を相手に合わせて選んでいくことが、自分を守ることへつながります。

徐々に連絡を控えていくのが一番自然。

チャンスもお金も人が運んでくる。その一方で……

「この章の狙い」で、「やりたいことを全部やる！」ために必要なのは、「100人のファンと10人の仲間とひとりの大切な人」と述べました。

みんなにいい顔を見せ、平等に親切にしていたら、「優しい人だね」「好感が持てる」といわれるのは明らかですが、面倒な人や厄介な人もやってきます。

もめごとやトラブルに巻き込まれる可能性が高まりますから、「大切な人は誰か？」「誰を最優先に考えるのか？」を常に意識することです。

ここでお伝えした「やりたいこと」に最短距離で届く人間関係の構築法は、ときに「事務的」「冷淡」といわれるかもしれません。

でもそう考えるのは、誰とでもつながりたい寂しがり屋です。

相手の都合を察することができない、自分の時間軸でしか動けない人です。

あなたには、そういう人とかかわっている時間はありません。

時間は有限、やりたいことは無限。

今、あなたに求められているのは「大切な人のために何をするか?」という視点。

「出会った人すべてを魅了する」という「全方位外交」は、自分なりの成果や成功をおさめてからです。

もっとも成果や成功には形がありませんし、欲望は尽きないのが自然ですから、「全方位外交」は誰もが認める「お偉いさん」になってから。

私の場合は、永久に「全方位外交」に人間関係の方針を変えることはないでしょう。

全方位外交は「お偉いさん」になってから。

第3章

"資本家思考"を持てばお金から自由になれる

夢を実現する原資

Q3

あなたがお金を使っているものを順番に
5つ書き出してください。

①

②

③

④

⑤

この章の狙い

「ファイナンシャル・プランナーの勉強がしたい。でもお金がない」

「ダンス留学がしたい。でもお金がない」

このように、「やりたいことを全部やる！」ための大きな障壁になるものが「お金」です。

私たちの人生を不自由にする最大要因のひとつである「お金」についても、「①書き出す→②捨てる→③集中する」の3段階方式が有効です。

世の中のほとんどの人は、お金を労働の対価として受け取る「労働者」の道を受け入れています。社長も、部長も、店長も実は「労働者」、使われる側の人間です。日産元CEOのカルロス・ゴーンだって同じです。どんなに稼いでも、時間を切り売りしていることには変わりがありませんし、何かあればクビになってしまいます。

なるべきは、他人の時間を使って稼ぐ「資本家」、つまりオーナーなのです。

あなたは資本家と労働者のどちらを、選びますか？

たった一度の人生なのですから、生産手段の対価としてお金に使われる「労働者」ではなく、お金を使う「資本家」の道を選びたいと思いませんか。

資本家になるなんてハードルが高い、難しいと感じる方もいらっしゃるでしょう。でも、今は株を買う、コミュニティ・オーナーになる、副業で会社を経営するなど、小さく始めて資本家になる手段がたくさんあります。

この章では、経済的な自由を最短で獲得する術を、解説していきます。

資本家なんて自分には関係ない。そう考えている方であっても、読み終わる頃には「資本家」に興味が湧き、自然と行動を起こしたくなるはずです。

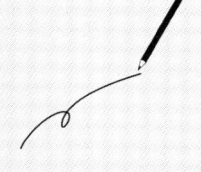

お金の使い道。まずはありのままを書き出してみる

あなたがお金を使っているものを順番に5つ書き出してください。

お金の流れを手帳やメモにつけている方も、家計簿をつけている方も、それらを見ないで、頭に浮かんだままに書き出していきましょう。

このリストづくりは、お金への意識を洗い出す重要な作業です。

①家賃
②スマホ代などの通信料金
③同僚とのランチや夜のつき合い

図3-1

Q3

あなたがお金を使っているものを順番に
5つ書き出してください。

① 家賃

② スマホ代などの通信料金

③ 同僚とのランチや夜のつき合い

④ 毎晩立ち寄ってしまうコンビニ代

⑤ 結局「積ん読」になってしまう書籍代

④毎晩立ち寄ってしまうコンビニ代
⑤結局「積ん読」になってしまう書籍代

これは友人の営業パーソンが、ありのままを書き出したリストです。「使途不明金が多いなあ」と話していましたが、同じようなリストになった方もいらっしゃるのではありませんか。

お金の使い方は、職業や年齢、家族構成などさまざまな要素で変わってきます。

ローンや教育費が大きな割合を占める時期もあるでしょうが、きちんとした目的があるならば問題ではありません。

無意識に使っているお金がどれだけあるか？　それが人生を混乱させるのです。

あなたが書き出したリストの中で、無意識に使っているもの、想定外に上位にきたものはどれですか。

それをチェックすることが、お金の面で「やりたいことを全部やる！」人生の第一歩です。

大事なのはお金へのリスペクト意識。

「ムダな出費を失くすためのメモ」で検証

あなたが書き出した項目5つを改めて見直してください。それらは、

・何のために（夢や目標）
・誰のために（お客様や家族など）
・いつまでに（期限や納期）
・どんな方法で（手段やプロセス）
・どんな効果をあなたにもたらすのか

……がしっかり把握できているものですか？

効果とは、資産の形成、人脈の構築や資格取得などビジネスに関するものに限りま

図3-2　臼井流ムダな出費を失くすためのメモ①

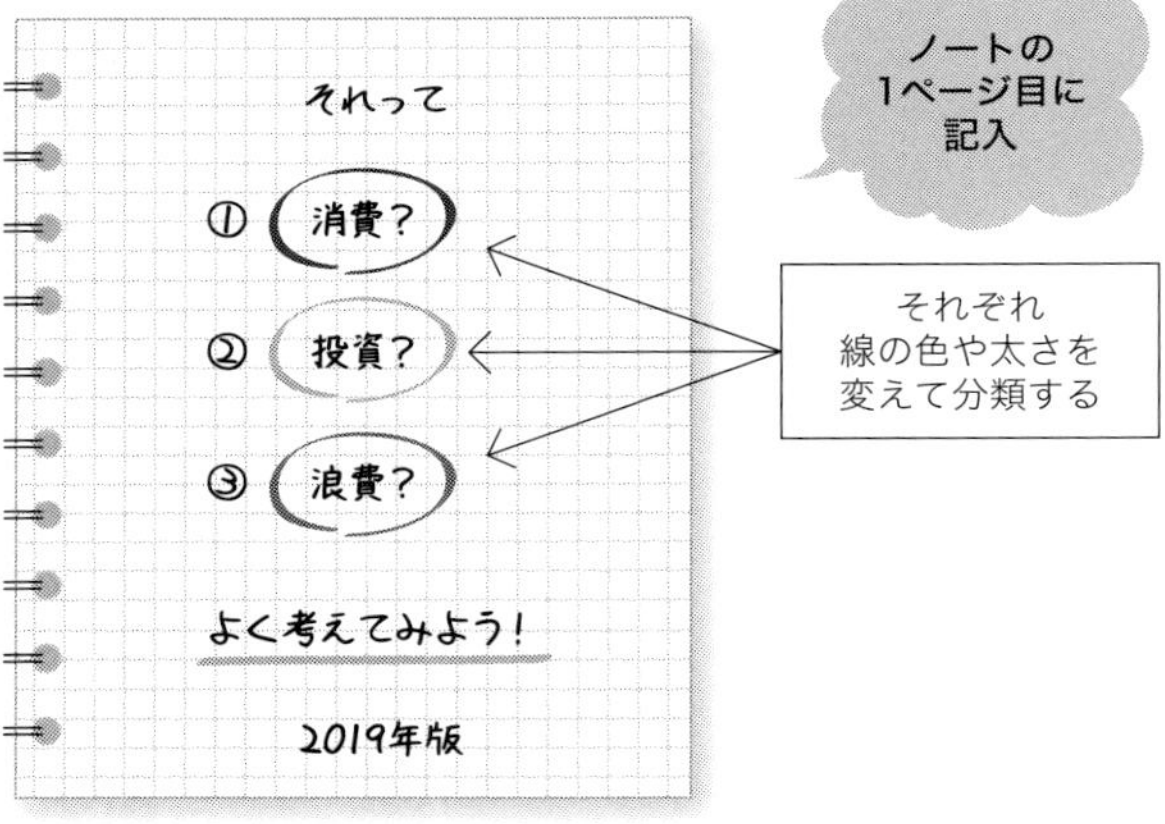
それって
① 消費？
② 投資？
③ 浪費？
よく考えてみよう！
2019年版
ノートの
1ページ目に
記入
それぞれ
線の色や太さを
変えて分類する

せん。「生きがいや心地よい環境」を得ることが最終的な効果であっても構いません。

いずれにしても、そうしたメリットを得るには原資が必要です。

そのためには、「無意識に使っているお金」を失くし、意識して使うお金を増やすことが絶対条件です。

そこで活きてくるのが臼井流「ムダな出費を失くすためのメモ」。

使途不明金が増えたことをきっかけに編み出したもので、長年使っています。

用意するのは手のひらサイズのメモ帳。1ページ目に「消費？　投資？　浪費？」と書き込みます。モノを買う計画を立てるときやお金を支払うシチュエーションでそっと広げ、このお金は何に該当するかを考えるのです。

「欲しい↓購入」という流れではなく、「欲しい↓メモ↓必要だろうか？」のステップを踏み、必要性を確信したら、「これは消費なのか、投資なのか、いや浪費かもしれない……」と「メモ」に目をやる。

生きていくために必要なものを購入する「消費」であっても、買い方に偏りがないか？　適切な価格で購入しているのか？　ひと呼吸置いて考えます。

ここでひと呼吸置くだけで、ムダ遣いが劇的に減ります。

そして、実際に購入した投資か浪費か気になるものに関しては、「10月30日　英会話レッスン3万円　自己投資、浪費にはしない！」というように記入。後に振り返り、結果はどうなのかをしっかり検証していきます。

あなたのここ3カ月の出費を振り返り、「消費・投資・浪費」の3要素に分類して

図3-3　臼井流ムダな出費を失くすためのメモ②

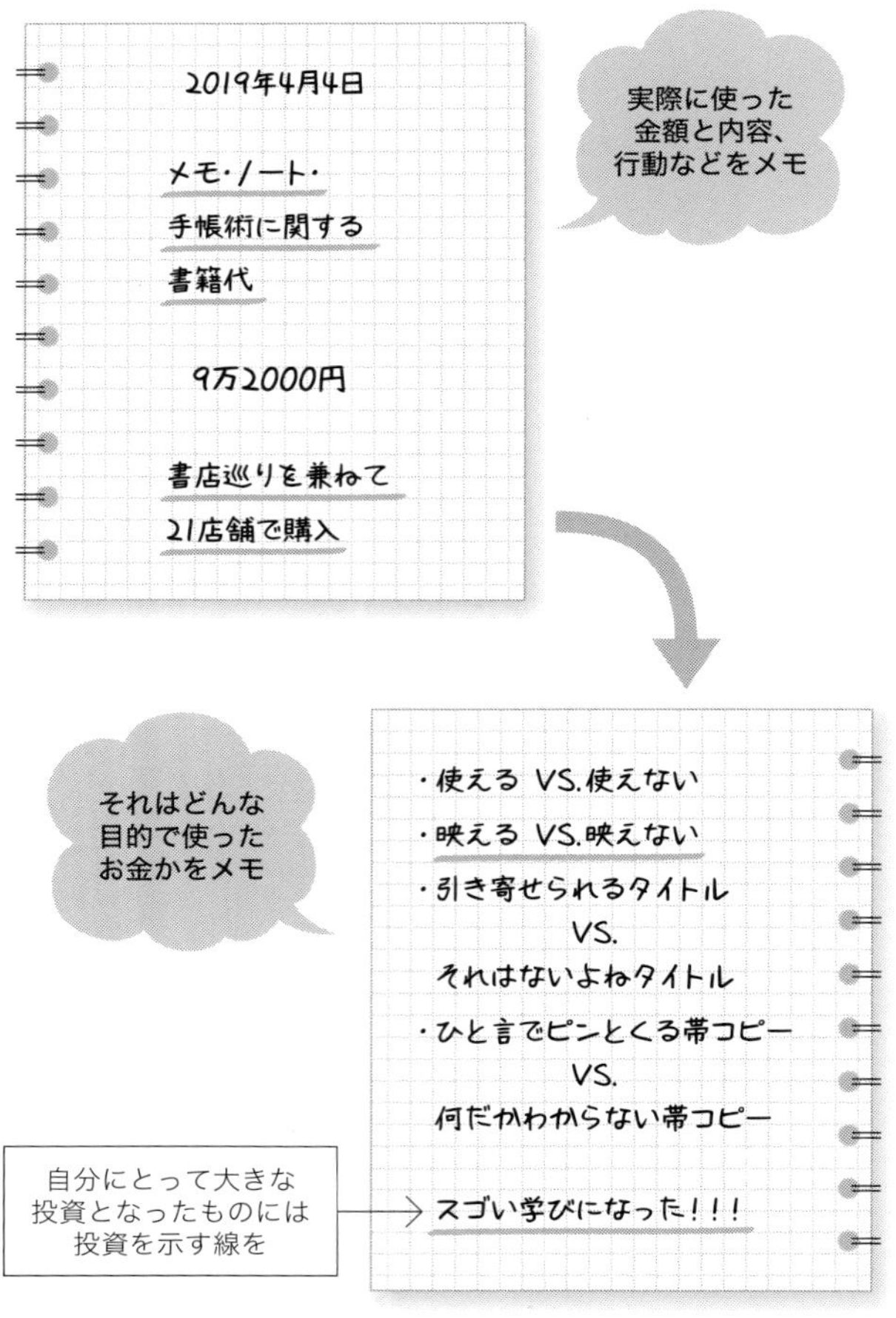

図3-4　臼井流ムダな出費を失くすためのメモ③

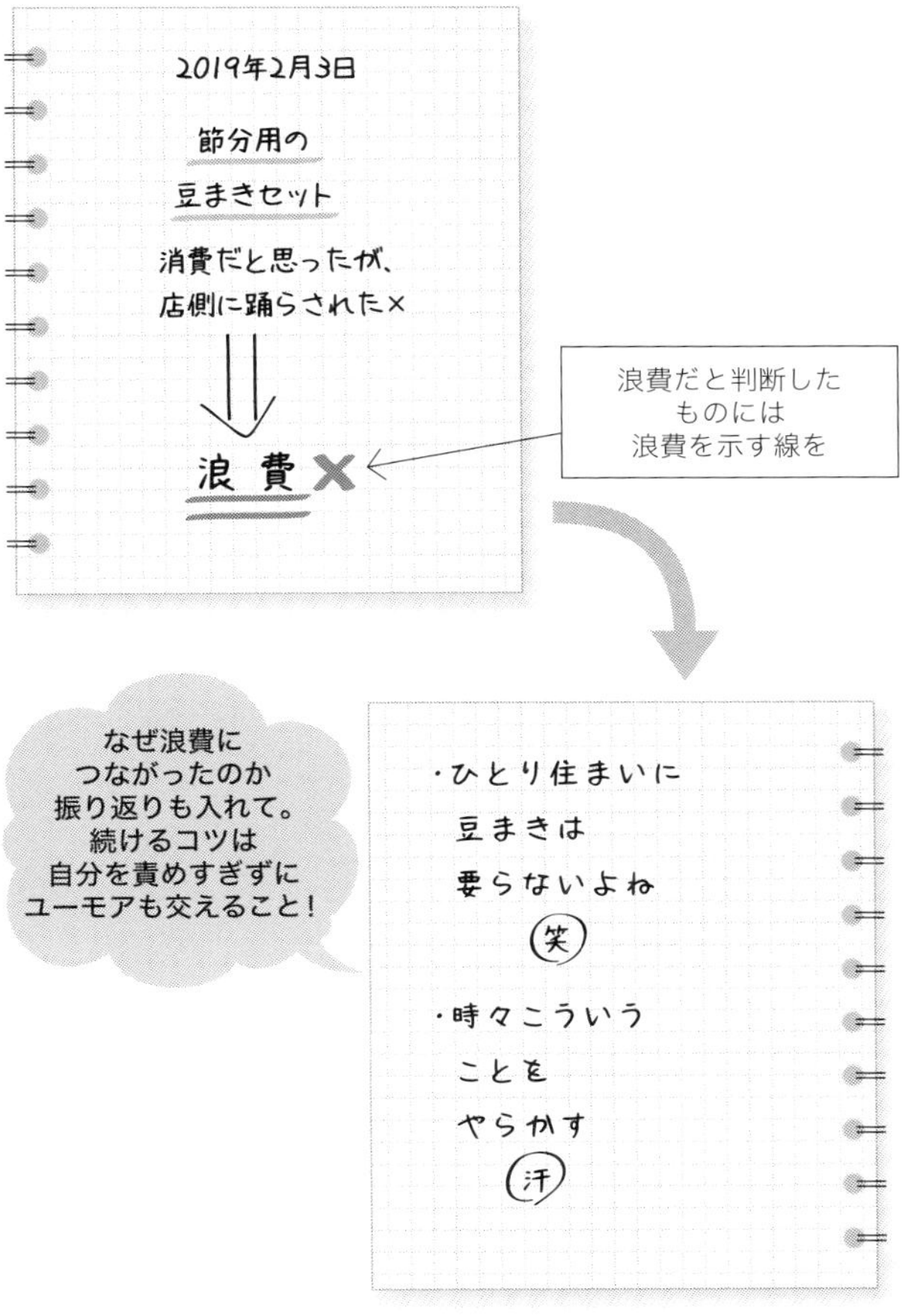

みましょう。そこにあるのが、今現在のあなたのリアルなお金の使い方です。

書籍の購入やセミナー受講、積み立て預貯金加入など、自己実現のための出費は「投資」といえますが、投資が消費に比べて突出していたら、投資が多すぎると疑ったほうがいいでしょう。

「浪費」はしないに越したことはありませんが、ゼロでは生活に潤いがなくなります。なので、「趣味や嗜好品の購入など毎月○万円は浪費をしてもいい。適度な浪費は仕事への活力にもなる」とメモに書き、消費・投資・浪費のバランスをはかる基礎にするのもいいでしょう。

ちょっと恥ずかしいですが、私の検証メモも参考までに紹介しますね。

お金を使うときにはこのメモを使い、無意識に使う「死に金」をなくしていきましょう。その分を、預貯金や資産運用、勉強やブレーンとの交流など、夢や目標に役立つ原資「生き金」にあてるのです。

夢や目標に役立つ原資が「生き金」。

お金から自由になる手段＝資産

「この章の狙い」で、「労働者」ではなく「資本家」の道を選ぶことを提言しました。資本家になるための考え方＝資本家思考とは何か、ここで説明しましょう。

お金を使う側にある「資本家」になるには、年収ではなく資産で考えることです。資産とはお金を生み出す不動産や株、ビジネス、人などのことです。

資産を大きくすることを心がけた人だけが、お金に縁のある生活を送ることができます。それは、蓄えが多ければ、いざというときの備えになるといった意味にとどまりません。

・まとまったお金があれば、それを株式や不動産に運用することで、収益を得ること

ができる

・働いて得られる収入だけでなく、運用で得られる収入をプラスする

……という考えです。

「やりたいことを全部やる！」ために、本当にお金に縁のある生活を送ろうと思うのであれば、年収を気にしていても意味がありません。

最終的にどのくらいの資産を持つことができるのかで、人生の豊かさは決まります。

投資とは最終的には「お金」に働いてもらうこと。

こうした感覚を持ち、人生設計できるかどうかが、お金に使われる人とお金を使う側の人との違いになるのです。

大事なのはお金に働いてもらうこと。

「調べるメモ」と「ピンときたメモ」

私は経営者の夫と結婚することで「資本家」になりました。男性であれば、貯金を使って後継者のいない会社を買えば、同じ状況になると思います。でも、「資本家」が大変なのは、結果を出さなければお金がまったく入らないこと。

決められた時間働けば、お金が入る労働者とは違います。

だからこそ、勉強することが大切なのです。

私は、学生時代はアルバイトとサークル活動に明け暮れていました。

その後、定職に就かないまま33歳で経営者になるまで、「文化や芸術、社会人としての常識」を勉強したことすらありませんでした。

ですから、経営者となった途端、苦労することばかり。

特に苦手だったのは、経営者や文化人、その道のオーソリティなど、年齢の離れた人とのコミュニケーションでした。

芸術や文化に興味がない。学ぼうとすらしない。そんな20代を過ごしてきた私には、教えを乞いたいキーマンである彼らとどう接したらいいのかが、まったくわからなかったのです。


問題を解決してくれたのが、読書。

そして「調べるメモ」と「ピンときたメモ」でした。


まずは経営、法律、日本文化、彼らが好むと思われるゴルフや釣り、落語などの基礎知識を「読書」で得ようと考えました。

1年365冊を目標に書籍を読み漁り、理解できないことは「メモ」に書き、納得できるまで調べ尽くす（「調べるメモ」）。

使えそうな話題やフレーズは「メモ」に書き出し（「ピンときたメモ」）、自分の言葉で説明できるまでとことん勉強する日々を積み重ねていきました。

一流の人に勧められた本や教材は必ずメモして迷わず購入。読み込み実践しました。

この経験が今の私をつくったといっても過言ではありません。


そして迎えた40代。

大学や大学院卒の方が多い業界にいた私は、短大卒業という経歴に引け目を感じている自分に気づきました。

しかし、今から学歴に走るのではなく、自分のスキルや努力を証明するための指標になる資格取得に挑む道を選択しました。

資格を持っていればそれだけで成功するということはありませんが、多くのスキルを持ち、それを活用できる能力の高い人が必要とされることは事実でしょう。

そして、宅建や行政書士などの国家資格に1回の受験で合格したのです。

このときは短期で合格する勉強法を編み出し、余計なインプットはしませんでした。その経験は、臼井流の時間術や勉強術の基礎になって著作や講演に活かしています。

図3-5　臼井流調べるメモ

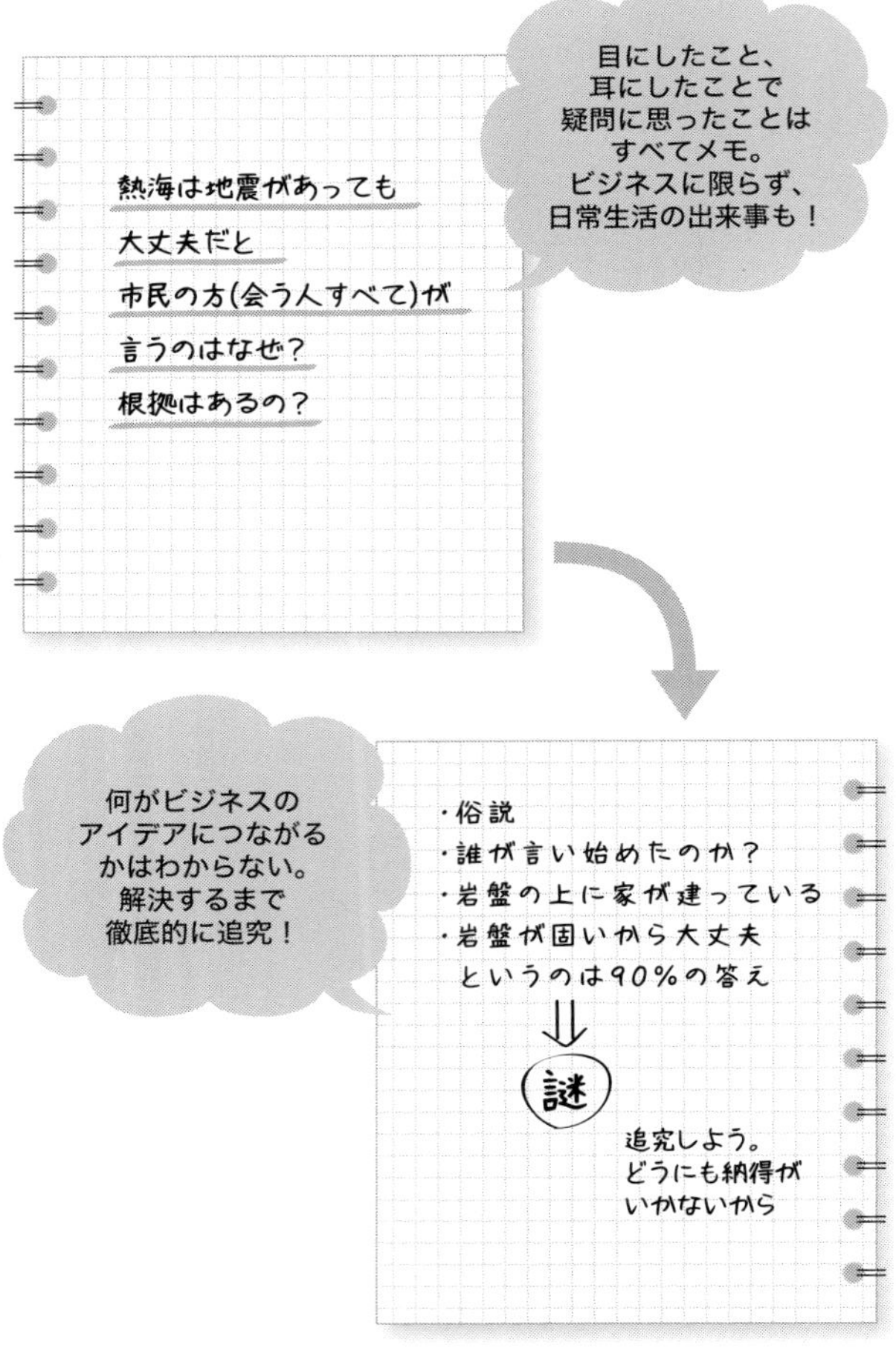
目にしたこと、
耳にしたことで
疑問に思ったことは
すべてメモ。
ビジネスに限らず、
日常生活の出来事も！
熱海は地震があっても
大丈夫だと
市民の方(会う人すべて)が
言うのはなぜ？
根拠はあるの？
何がビジネスの
アイデアにつながる
かはわからない。
解決するまで
徹底的に追究！
・俗説
・誰が言い始めたのか？
・岩盤の上に家が建っている
・岩盤が固いから大丈夫
というのは90%の答え
謎
追究しよう。
どうにも納得が
いかないから

図3-6　臼井流ピンときたメモ

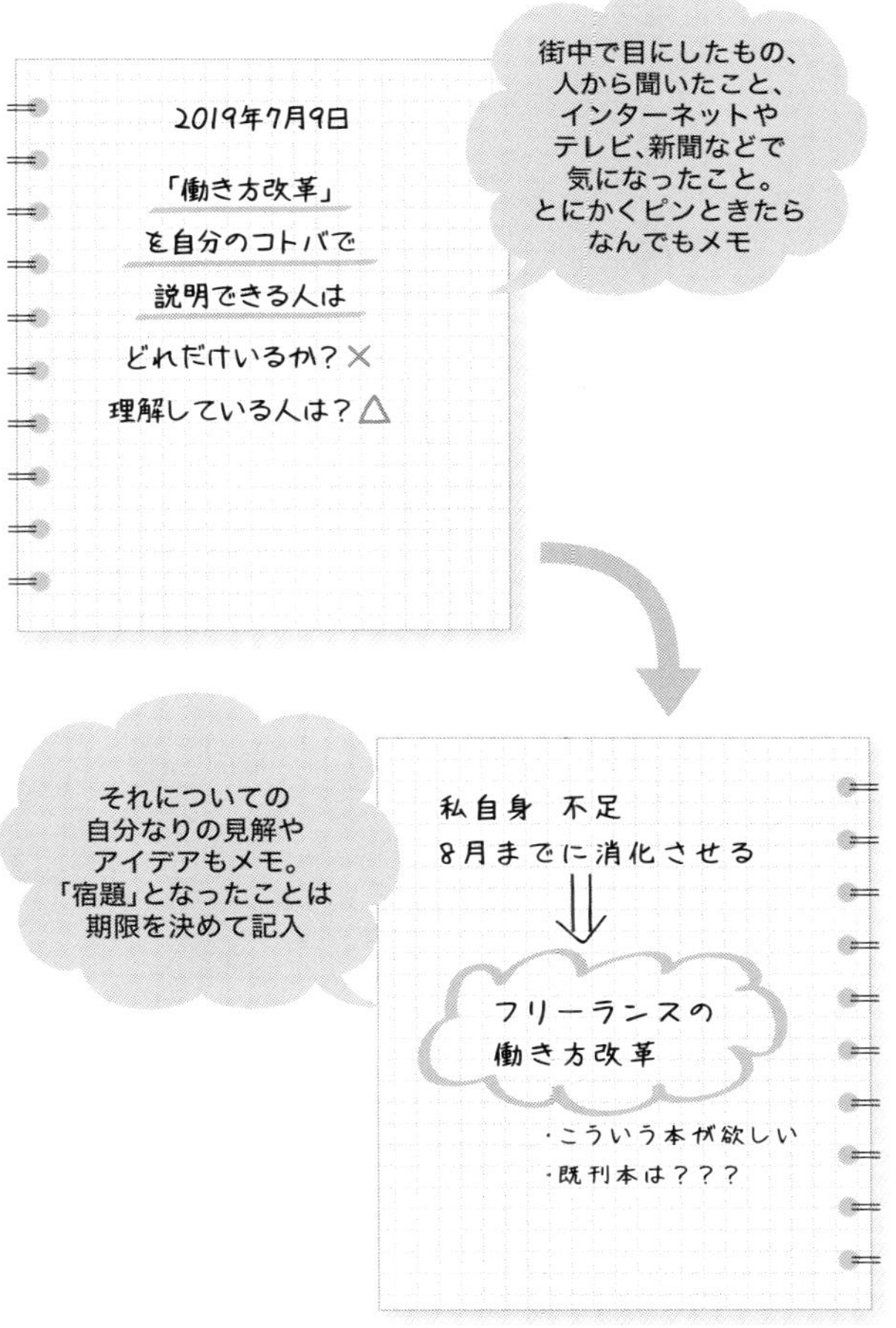

職場での地位があがるにつれて忙しくなり、勉強する時間はさらに減っていきます。周囲を見渡せば、「若いうちにもっと勉強しておけばよかった」と後悔している人が多い。

私は33歳から必要に迫られて勉強にお金も時間も投資しましたが、そこで費やした時間やお金、労力は絶対に取り戻すと考えていました。

インプットしたことはアウトプットして、お金を生み出す原資にする。

そんな意識で、若いうちは勉強に投資するといいでしょう。

若いうちの勉強は買ってでもせよ。

「自分への投資」は無限にハイリターン

投資信託や不動産投資など資産運用のリターン率は、リスクを取らない限り多くを望めませんが、「自分への投資」は、無限にハイリターンであると考えています。

スキルや知識を高め、視野や人脈を広げることで生涯収入を高めることができるからです。価値ある人材は高い給与で雇用されますし、そういう人はやがて組織を飛び出し、事業を起ち上げたとしても成功する可能性が高い。

お金の心配を資産運用でカバーするよりも、自分への投資をしてあなたの「市場価値」を高めれば、年収が上がり、生涯の獲得賃金も増えます。

それが、やりたいことへの近道ともなるのです。

33歳から「お金を生み出す原資」になるように勉強をしたと述べましたが、結果、想定外のうれしいことが起こりました。

短期で難関資格に一発合格した秘訣を体験記にして雑誌に掲載→雑誌での連載がスタート→著名な資格学校から講演の依頼→その学校で顧問に就任→勉強術の書籍執筆→ベストセラーになる→著者としての基礎ができた、となりました。

他にも、法律に詳しくなったことで交渉事に強くなり、感情に左右されず論理的に問題解決できるようになりました。

「自分への投資」により市場価値が高まり、キーマンとの出会いも増えて、経営者にとどまらず、将来、作家になりたいという「やりたいこと」も、実現できたのです。

自己投資には「お金」と「時間」の資源が必要ですが、それを忘れさせるリターンを得ました。

コツコツと資産を増やすためのツールとして自分への投資を行うのが基本。自分への投資は、裏切りません。

「自分への投資」で市場価値が高まり、やりたいことに近づける。

本を「勉強メモ」にする

自己投資の中でもっとも有効なのが、書籍への投資です。

専門家の知識を1冊1000円程度で、何度も繰り返し吸収できる。こんな素晴らしいことはありません。さらに、読んだ本そのものを「勉強メモ」にすれば、知識を知恵に変えることも可能です。

具体的には、「私だったらこうする」「この方法には共感できない」「こんなやり方もアリでは？」と突っ込みを入れながら、該当する箇所に◎や○、×印をつけたり、書き込みをしたりして読んでいきます。

それは本にある知識を自分の知恵にする行動。

書籍から得た知識を、読み手のあなたがいかに活用するかで、本は無限にお金を生み出す源泉になるのです。

「読んだ本で人間性が決まる」ということもあります。

初めてビジネス書に触れたのは33歳の４月。突っ込みを入れながら１冊を読み込んだ６月には、明らかに顔つきが変わっていました。鏡の中に、自信に満ち溢れた自分を見つけられたのです。周囲にもそれは伝わったようで、「何かあったの？」と何人にも、聞かれたことを覚えています。それに気をよくして、１年で１０１７冊を読破。本を片時も離さず、得たアイデアはすぐメモしていました。

赤字経営者のフトコロは寂しいものでしたが、本への投資は惜しまなかったのです。

結果、翌年には黒字経営に転換。やがて、私の年収は「本への投資×10倍」にもなりました。これは偶然の産物ではありません。

「やりたいことを全部やる！」ためには、年収の２割は読書に費やす。

「そんなのもったいない」と思うならば、ずっとお金に使われる人生を歩むことになりかねません。

読書量と人生の充実度は比例する。

ムダを削ることも自己投資

自分への投資を自分磨きと考えた場合、新しい趣味や習い事、勉強等を始めるなど、今の自分に何かをプラスする行動に走りがちです。しかしそれは、旅先の朝食バイキングで、あれこれ目移りして皿に料理を盛りすぎ、残したり食べすぎて体調を壊したりするのと同じこと。処理能力を超えて、あれもこれもと手を出してはいけません。

まずやるべきは、自分の仕事や人づき合い、プライベートを見直すこと。

「①書き出す→②捨てる→③集中する」の3段階方式を実践しましょう。

会社帰りに語学教室やスポーツジム、情報感度の高い人との食事会や異業種交流会にお金を費やすビジネスパーソン。美容院やネイルサロン、ヨガ、あるいはダイエットにたくさんのお金を使う女性もいます。

それらを「自分磨き」と称したら格好がつきますが、参加することが目的となり、その後、自分に活かせるものがなければ時間とお金のムダです。

自分への投資とは「自分プラスアルファ」ばかりではありません。「自分マイナスアルファ」でムダを削ることも立派な自己投資、自分磨きです。

今のあなたは、生活習慣からできている。

生活を磨くことが、自分を磨くことになるのです。

「自分磨き」になるからと、教養、品格、美容、健康など数多くの分野に手を出し、お金を費やしている人をよく見かけます。

でも、自分自身にお金と時間と手間をかけていることを意識しなければ、「自分磨き」ではなく「自分浪費」。ただのムダ遣いに終わるでしょう。

その「自分磨き」は投資？　それとも浪費？

「人」が大事な資産になる

資産とはお金だけを指すわけではありません。「人」も大事な資産です。

「やりたいことを全部やる!」人になるには、若い頃から自分は相手にどんなメリットを与えることができるかを提示して、相手からはどんなメリットを得られるかを考える習慣を持ちましょう。そこで得た人間関係は、重要な資産になるからです。

人づき合いの投資においては一流の人にお金を払って学ぶことも重要です。

ここでいう一流とは、次の2つを満たす人です。

①アウトプットしながらインプットしている人

教えながら学び続けている人。成果が出た後も学びをやめず、理解を深め書籍や講演、有料メルマガ、SNSなどを通じてアウトプットをし続けている人です。

②現役であること

過去の成功話やノウハウがまったく役に立たないわけではありませんが、それらは美化され回顧録に近いですから、自分が成果を出したい分野でバリバリ活躍している現役の人を一流ととらえましょう。

人は自分よりも立場や環境、経済的にも劣っている人を見ると、安心する悪い癖があります。このような人とつき合っていると、自分が「優れている」と勘違いしてしまう。すると現状維持どころか、努力すらしない。向上心がなくなり、チャンスに対応できないどころか、チャンスだと判断することさえできなくなります。

そういう人がもしあなたの近くにいたら、おつき合いはフェイドアウトすることをおすすめします。

一流の人にお金を払って学ぶ。

メモでお金を生み出す

ここまでは、まずは自分の現状を書き出すこと（メモ術）、そしてお金のムダを捨てる方法を中心にお話ししてきました。

もちろん、「捨てる」だけではなく、メモ術にはお金を「生み出す」力もあります。

メモは、書く習慣を持つことが重要であって、それを残すツールは自分のライフスタイルに合ったものでＯＫ。ノートでも手帳でも付箋でもメモ帳でも、コースターや広告の裏に書いても構いません。スマホの録音機能を使ってもＯＫです。

重要なのは、いつどんなシチュエーションでメモしたかを必ず入れること。

メモするには、理由なり原因なりが必ずあります。見返したときにそれがわからないメモは、走り書きや試し書きの類いであって、お金の源泉にはなりません。

メモは、サッと読めて具体的な内容がとらえられるもの。

書いたときの風景や心情、空気感まで呼び起こされることが必須です。

たとえば、ノートに、「6月13日（木）　グラス・考察」とだけメモしてあったらどうでしょう。3日も経てば「あれ、『グラス・考察』って書いてあるけど、これって何だっけ？」となりますよね。

しかし、このメモを書き留めたきっかけが、「マンションのベランダからモノが落下し、けが人が出たニュースを見た」であれば？

そして、そのニュースを目にしたことで生まれた、「ベランダＢＢＱが流行しているなあ」→「アウトドアでガンガン使えるタフでおしゃれなワイングラスがあればいいかも！」というひらめきが前提になっているのならば？

そう、そこまで具体的にメモをしてほしいのです。

そうすれば、試算を出し、勝算を検討し、商品化や売り込みへと進むことも可能です。実現に至らなくても、具体的なメモを基礎にして行動するという体験ができます。

具体的なメモには値段がつきます。

ビジネスのアイデアというお金に変わるだけでなく、体験の蓄積というビジネスパーソンの土台づくりにも役立つのです。

私自身の例でいえば、初めてのベストセラーとなった著書『忙しい人の即効！勉強術』（すばる舎）を刊行した2005年3月から遡ること1年ほど前のメモには頻繁に、「忙しい人ほど勉強する」「大人が勉強で得られるメリット・デメリット」「資格はビジネスシーンで武器になる」「使える資格、使えない資格」「リスクとリターンを考えて資格を取得するべき！」……など、のちに本の項目にもなったメモが書き連なっていました。想いの強さがメモを具体的なものにして、具体的なメモがベストセラーに結びついたのです。

何気なく目についたものを書き留めるメモもアリですが、このときの経験をきっかけに「メモには値段がつく」「メモは金の卵。大化けする可能性がある」と常に意識しながらメモをしています。

「このメモは金の卵」と意識して書こう。

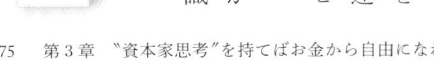

「大化けメモ」の仕掛けワザ

「お金を生むメモ」は、次のお金を生むという好循環をもたらします。

たとえば、10月10日までに「来春5月発売予定の飲料水の商品名」を考えるという課題があったとしましょう。

実物（サンプル）があり、来春5月発売という時期がある。

私でしたら、そこからイメージする商品名を思いつくまま、メモをしていく。とりあえず出尽くすまでメモをして俯瞰します。

その後、販売予定価格や自社のイメージなど、総合的に見てふさわしい候補商品名を5つに絞り、周囲の老若男女の少なくとも50人に「どれが好き？」「その理由は？」とインタビューして、もっとも支持された商品名を提案します。

まあ、これは皆さんがやられることでしょうが、私が出尽くすまで書き出した商品名メモには仕掛けがあります。

商品名を切り口に、広告宣伝費をかけなくともメディアが紹介してくれる可能性が高く、シリーズ展開も見込めるものを提案するということです。

たとえば「清涼水のどか」「キレイ水」「マイナス5水」など……目にした途端に笑みがこぼれたり、喉がなったり、美しさや若々しさを感じる「五感」に訴えるもの。商標登録をしないで市場に出せば、すぐ真似されるニュース性があるものを意識して考案するのです（なお、これはあくまでも例です。薬機法の観点からは却下される可能性もあるものも含みます）。

1つの「効果」＝ヒットがその会社の顔になり、知名度があがり、市場に広がる。「効果でお金を稼ぐ」とは、波及効果も意味します。

さらに、波及効果に終わりがないように、パッケージのデザインを地域や季節限定にするなどちょっとした工夫を加えながら「効果」を持続させます。

1つのお金の源泉をアレンジして、さらにお金を稼ぐのです。

「効果でお金を稼ぐ」の視点でヒット商品やサービスを見つめると、次はこんな売り方をする、こんな魅せ方をすると容易に想像できるようになります。

逆をいえば、「効果でお金を稼ぐ」発想ができれば、ヒット商品やサービスがあなたから生まれるのです。

効果でお金を稼ぐ発想。

「商品」を持てば3つの自由が手に入る

本章の最後に、お金から自由になる、とっておきの方法をお教えしましょう。

やりたいことを実現するための最善の方法ともいえるものです。

それは、あなた自身が「商品」を持つことです。

共感や支持が得られる、役に立つ商品やサービスを提供できれば、収入は無限に広がり、生まれた利益を投資に回し、お金に働いてもらうことができます。結果、お金がお金を生むのです。

価値ある「商品」ができれば、そうしたイキイキしたお金の循環が可能になります。


「会社勤めなんだから、商品といわれても……」

「商品なんてつくれるはずがない」

「かなり資本が必要でしょう。無理！」

そうあきらめてしまうかもしれませんが、大袈裟に考えなくていいのです。


商品とは、「生み出す力」＝「アイデア力」のこと。

パッケージングされカタチになったものである必要はありません。


あなたがブログを運営していて、5000人の読者がいたとします。

そのブログの中で、商品や書籍、サービスなど既存のものを読者に紹介して購入者がいれば、報酬を得られるようになります。

この場合の商品やサービスは、紹介したモノだけを指すわけではありません。

紹介したことで読者が購入した「あなたの影響力」も商品となるのです。

もちろん、ブログの読者数や読者層にマッチした商品・サービスを考えるのは先決。

その上で、主役となる記事の内容が読者にとって魅力溢れる、充実したものでなくては始まりません。

たとえば、ビジネスパーソンに向けた書籍紹介、経営者が知っておくべき税務に関する知識、ＩＴの最新活用術、知っていると得をする助成金や補助金の受け方など……。

現代ではインターネットやＳＮＳを介して、誰もが「ビジネスモデル」を得るチャンスがあります。

手元に在庫を抱えるリスクがない。在庫を置くスペースが不要。発送や集金の手間がかからない。

そんなリスクのない状況で、経営者、個人事業主はもちろん、会社員、主婦、リタイア世代もお金と時間、働き方の３つの自由を手に入れることができます。

商品とは、「生み出す力」＝「アイデア力」。

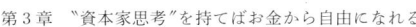

第 4 章

モノに縛られない人生

目的や幸せにつながるモノしか置かない

Q4

あなたが大事にしているモノを順番に
5つ書き出してください。

①

②

③

④

⑤

この章の狙い

モノが少ないのは、快適に生きる基本。「やりたいことを全部やる！」という心豊かな人生を送るためにも、無視してはいけないことです。

モノを持てば、収納する場所や手間、労力、時間、メンテナンスなどが必要です。モノに自分が縛られることになります。

人間がモノに縛られるなんて、おかしいですよね。

家中に使わないモノが溢れている。オフィスには仕事に関係のないモノまで持ち込んでいる……片づいていない環境では、人間は集中できません。

散らかった机でいつも何かを探していたり、服でいっぱいのクローゼットからさんざん迷ったあげく選んだスーツはシワだらけで着ていけなかったり。

こんな状態では、やりたいことをやる時間がどんどん侵食されていきます。

かといって、整理整頓やいわゆる〝断捨離〟をすすめているのではありません。

人生の目的や、物事に対する感性は人によって異なるのですから、オフィスが散らかっているほうが創造力をかきたてられて、素晴らしいアイデアが生まれるという技術者もいますし、仕事に使うモノの置き場所が少しでも違っていると気が散ってやる気が出ないという経営者もいます。

だから、大事なのは「人生の目的や幸せにつながるモノしか置かない」を基本に考えること。

本書の最終章にあたるこの章では、多すぎるモノや情報などを上手に捨て去り、最高の環境をつくることで、最短の期間で最上の成果をもたらす術をお話ししていきます。ここでも、まずは書き出しからスタートします。

さあ、ここまでくれば、仕事でもプライベートでも、求めるものが手に入る瞬間は目前です。

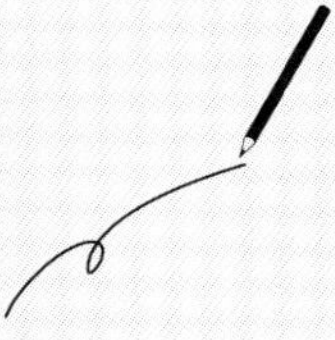

大事なモノ。まずはありのままを書き出してみる

あなたが大事にしているモノを順番に5つ書き出してください。

大事なモノがありすぎて困るという方は、思いつくまま。

大事なモノに順番なんてつけられないという方は、「それがなかったら困る」と思う順に5つを書き出してみましょう。

①健康
②周囲の人との関係
③勉強し続ける姿勢
④愛情

図4-1

Q4

あなたが大事にしているモノを順番に
5つ書き出してください。

① 健康

② 周囲の人との関係

③ 勉強し続ける姿勢

④ 愛情

⑤ お金

⑤お金

会社の顔として広報に携わっている30代の女性から教えていただいたリストです。

当初、「物質的なモノ」と定義して複数の方に質問していたのですが、定義を外し「大事にしているモノ」と問い直したことで、

・環境
・人間関係
・ライフスタイル

……などがリストにあがってきました。皆さん、人生の目的は物質的なモノではないとわかっているのですね。

「形のあるモノ」だけがモノではありません。

「形のないモノ」が人生の目的や幸せに関与しているケースも多いのです。

「やりたいことを全部やる！」ために、あなたの人生に本当に必要なモノとは何かを明らかにしていきましょう。


「形のないモノ」も人生の大切な要素。

リストを検証。捨てるべきモノを見極める

リストに挙げた大事にしている5つのモノは、あなたの人生の目的や幸せにつながるものですか。

「もちろん」と即答したあなた。

素晴らしい！　人生の目的や幸せの意味がよくわかっているのですから。

「大事だけれど、必要かどうかは半信半疑」というあなたも素晴らしい！

問題意識が高く、向上心があるからこそ、悩むのです。

有形無形を問わず、私たちの日常は多くのモノとかかわり合うことで成り立っています。誕生から今に至るまで、かかわってきたモノはどれほどの数になるのでしょう。

確かにいえることは、かつては必要不可欠だったが今は不要になったモノがある。

その存在すら忘れたモノが数多くあるということ。

成長に伴い「大事なモノ」は変わってくる。

変わらなくてはいけないのです。

栄光も挫折も懐かしむのは人の常ですが、人生を切り開いていくには、今の自分にとって大事なモノは何かを見つめ、人生の目的や幸せにつながらないモノはきっぱり捨てることです。捨てなければ、次のステージに進むことはできません。

そういう視点で、改めて書き出したモノのリストを検証してください。

捨てるべきモノがあれば、サッサと捨てて本当に大事なモノに集中しましょう。

捨てることには罪悪感を覚える、苦手だという方もいらっしゃいますよね。

その気持ち、よくわかります。かつての私がそうでしたから。

なので、本章では捨てられたモノたちが喜ぶ捨て方もお教えします。

モノに縛られ、余計な時間や手間や神経を使うのは今日で終わりです。

心身ともに軽快になって歩き出そう。

物欲に支配されないモノ選びのコツ

「人生を台無しにするモノは何か?」

本書執筆にあたり30名ほどの方に質問をしたところ、ほとんどが薬物やアルコール、ギャンブル、その他モノへの依存行為と答えました。

これらの依存行為は人生を台無しにする最たるモノですが、あなたの中にも人生に悪影響を及ぼすモノが密かに存在しています。

それは何か……。そう、物欲や所有欲です。

こうした欲は、正常に機能していれば働く意欲や稼ぐ原動力につながります。

しかし、必要以上に持てば、浪費を招くだけでなく、家もオフィスもモノに支配され身動きがとれません。

整理整頓ができていない場所からは、優れた発想やスピーディな行動は生まれにくい。結果、人生の目的や幸せは遠のいていきます。

どんなに大事なモノでも、自分が管理できる範囲にとどめる。それが人生を台無しにしないモノとのつき合い方です。

私は、「身軽に生きたい」といいつつもモノが好きで、たとえばノートやメモ帳が大好きですが、手あたり次第に買うことはしません。

お気に入りに出会うための手間と時間は惜しまず、そのプロセスを楽しんでいます。それは物欲に支配されないモノ選びだと考えています。

もう1つ大事なのは、モノはすべて現役主義ということです。

毎日使い、使えば使うほど喜びがこみ上げてくるようなバリバリの「現役選手」のモノを、少数精鋭で回すのが理想です。

厳選した少数精鋭主義を貫く。

注意！モノが発するマイナスのエネルギー

食品に限らず、モノには「賞味期限」があります。

ブランド品で高額だったからもったいないと取っておいても、くたびれたスーツや色あせた名刺入れなど旬を過ぎたものにはエネルギーを引き寄せる力はありません。持っているだけムダです。

モノに執着するのは、自尊心が低く、物欲でおのれを満たす傾向がある人。自信がないために、高額品やブランド品を所有することで、自分は「素晴らしい人」だと思いたいのです。

そのため、使わないモノもいつまでも取っておく傾向があります。

今の自分に必要かどうかを問いかけ、取捨選択していく。

モノとのつき合いは、今を基準にすることです。

必要のないモノを手放すことで、気持ちのゆとりが生まれます。

不要なものが溢れている家、不要な書類や仕事に関係がないモノまで持ち込んだオフィス……有形無形にかかわらず、モノにはすべてエネルギーが宿っています。

そうしたあなたを煩《わずら》わせるモノは、マイナスのエネルギーを発しているのです。

まったく使っていないのに捨てられないモノには、過去への執着や未練など、あなたの成長を阻害するエネルギーがこもっています。

今、使っていないモノは思い切って処分しましょう。その際は、

「今まで働いてくれてありがとう」

「お疲れ様でした」

と、労いの気持ちを抱いて処分するといいでしょう。捨てることへの罪悪感から解放されるだけでなく、その感謝がモノにも伝わると思うからです。

不要なモノを手放すと心にゆとりができる。

アップデートという選択肢

モノとの別れ方には、

・捨てる（感謝を伝えて、別れを告げる）
・必要としている方に差し上げる
・リサイクルに回す

などが考えられますが、「アップデート」という選択肢もあります。

これは、そのモノを持つ必要性は感じても、持っていると気分が滅入ったり、自分の現在のステージに馴染まないモノに対しての行動です。

たとえば、ビジネスパーソンにとって必要不可欠なスーツですが、体形に変化がなくても、新入社員の頃に購入したものは中堅社員にはふさわしくないですし、管理職になっても着ているようでは信頼や信用にもかかわります。

今を基準にすればおのずと、職責に見合った新しいスーツに買い替えるでしょう。ワイシャツやネクタイ、靴や時計、ビジネスバッグなどは、仕事に対する姿勢を示すものでもあるのですから、スーツと同様に定期的なアップデートが必要です。

女性ならば、洋服や靴、バッグやアクセサリーを多くお持ちでしょうが、かつては高揚感を抱いたのに、今身につけると馴染まないのはそのモノに「エネルギー」がなくなった証。処分して新しいモノに替えましょう。

以前の我が家には「ハローキティ」のグッズが大量にありました。自分で購入したものだけでなく、読者からのプレゼントもあって増える一方。

疲れていたり悲しみに襲われたりしたときに「ハローキティ」を眺めると癒やされ、幸せな気持ちになりました。ぬいぐるみを中心にその数は200を優に超え、我が家はさながら「ハローキティ屋敷」。

それでも好きだから手放せなかったのですが、年齢があがってくるうちに、さすがに私にはどう考えてもふさわしくないものに思えてきたのです。

そこで、引っ越しを機に、欲しいという方にすべて託しました。嫁がせたのです。

そして、「ハローキティ」をアップデートするつもりで、銀座の画廊に展示されていた子猫の絵画を購入し、リビングに飾っています。

アップデートで部屋はスッキリ、気分もスッキリ。

「よい気」が新居に宿ったのでしょう。おかげさまで、仕事もプライベートもよいことばかり続いています。


1つ手にするなら、2つ以上捨てる。


これが、アップデートする際のマイルールです。

そう決めないと、新旧の変化はあっても、モノが減っていかないからです。

そうやって手にした新しいモノを大切に扱って、生きていく。

空いたスペースには、新しいエネルギーが訪れます。

パソコンのように、モノも定期的に見直す。

メンテナンスは磨き上げるレベルまで

今に集中して不要なものを処分したり、アップデートしたりする。

そうやって手に入れた、自分の前に存在するモノは、日々のメンテナンスを怠らないと決めましょう。

「それって、結局モノに縛られているのでは？」

そんな声が聞こえてきそうですが「整備・維持・保守・点検・手入れ」というメンテナンスは、これまで大切なものたちには自然と施してきたはずです。

外回りが多い方は、靴をピカピカに磨くというメンテナンスをしていますよね。

ほこりがつきやすいパソコンのキーボードや画面は、誰だってキレイにします。

シェフや板前は商売道具である「包丁」を研ぎ磨き上げますし、美容師や理容師はハサミやかみそりを研ぐのが日々のメンテナンス項目です。

制服がある仕事に就いている方ならば、シワシワよれよれの服では人前に立てないでしょう。

このように私たちは仕事にかかわるモノや、その仕事を象徴するようなモノは自然と大切に扱っているのです。

ここで提案したいのは、あなたの仕事や家事、プライベートの中でも、特に人生の目的や幸せにつながるモノは、丁寧に「整備・維持・保守・点検・手入れ」をしてほしいということ。

特別視して「磨き上げるレベル」までやることをすすめます。

それは、単に物理的なメンテナンスにとどまらず、自分が人生の目的や幸せからぶれていないかを確認する、自身の成長過程を確認する作業にもなります。

「時は命なり」と考え行動している私が、もっともメンテナンスに気を配っているのが腕時計です。

年齢や職責を考えた腕時計を5つ所有していますが、仕事や相手に合わせて腕時計をつけ替え、帰宅したらすぐに外して、ケースやりゅうず、バンドなどを柔らかい布で磨いています。もちろん、定期的にオーバーホールもお願いしています。

1日身につけている腕時計は、思っている以上に汗や皮脂で汚れています。

商談相手がすすけた色の皮バンドの腕時計をしていたことがありますが、清潔感を疑うと同時に、「腕時計に気が回らないなんて、心に（お金に）余裕がないのだ」と不信感を覚え、取引を控えたことがあります。

実際、その方が経営する会社は、半年後に倒産したのです。

仕事にかかわるモノのメンテナンスを怠ることは、自分が扱う商品やサービスの質を下げることにもなる。多くの経営者、ビジネスパーソンと接してきて思うことです。

メンテナンスは自分の成長を確認する作業。

形あるモノよりも心地よい環境

大切なモノを1つだけ選びなさいといわれたら、あなたは何を残しますか？

私でしたら、特別に大切にしメンテナンスを行っている腕時計よりも、心地よい環境を残す道を選びます。

所有欲はもちろんありますが、私にとって執筆業が生涯かけてやるべき仕事。最期までこの仕事をやり続けるためには、心身の健康を保ち仕事がスムーズにできる環境を整えるのが、最優先だと思うのです。

タバコの匂いがダメ、喫煙なんてとんでもないという禁煙派の人が、給与や待遇がいいからといって、喫煙者ばかりの中で仕事をする場面を考えてください。

不健康さに閉口しながら仕事をしても、成果が出るはずなどありません。せっかくの能力を十分に発揮できないでしょう。

一方、愛煙家の方にとって、社をあげての喫煙禁止は厳しいもの。お昼休みにやっと社外で一服。ほっとしたのもつかの間、タバコの匂いが苦手な人は敏感に反応しますから、デスクに戻れば同僚や上司から渋い顔をされる。

そんな中で仕事をするのは、居心地の悪さこの上なし。

いずれの場合も、心地よい環境が欲しいと思うでしょう。

最高のパフォーマンスを発揮するために、心地よい環境を整える。

それは、私に限らずビジネスパーソンならば、何より大事に考えることでしょう。

私が、心地よい環境を整えるために行っているのは次の2つです。

①デスク周りの整備

気持ちよく仕事をするために、デスクにはパソコンとマウス、マウスパッドしか置いていません。あえて引き出しのない小さなデスクを選び、仕事に使う最小限度のモノしか置けないようにしました。

これは、片づけが苦手なビジネスパーソンにも使えるテクニックです。

②風光明媚な地を仕事の拠点に

自宅（書斎）を、都内から風光明媚な地・熱海に移しました。

執筆で凝った肩や腰を癒やす温泉があることが熱海を選んだ理由の1つ。さらに、自然溢れる絶景地であり、命の源の「水」のおいしさが際立っていたことも大きな理由です。

「わあ～憧れる。でも無理……」。そんな声が聞こえてきそうですね。

通勤や通学を考えると、都心や大都市から離れた地に居を構えるのが現実的でないのは当然です。ならば、こんな風に考えてはいかがでしょうか？

都会にお住まいのビジネスパーソンであれば、早寝早起きを習慣にしてみるのです。

寝坊をして朝食抜きで慌てて出勤する人と、早寝早起きできちんと食事をとり余裕ある朝を過ごして出勤する人では、身体のキレも脳の働きも格段に違います。

生活のリズムを整えることで、心身の健康に寄与するだけでなく、早朝の爽やかな空気や風、緑の美しさなど、大都会であっても自然の営みを感じることができます。結果、仕事へのやる気も高まるでしょう。

形あるモノよりも心地よい環境を選ぶ私ですが、もちろん執筆業を続けるには、耐久性に優れた頼もしい相棒のパソコンは必須。

それは、時計と並び大事にしている形あるモノのナンバー1です。

起動するときとシャットダウンするときには敬意をこめて、「おはようございます！」「今日もお疲れ様でした」と声がけをしています。

これも心地よい環境を整える策の1つです。

あなたにとっての心地よい環境とは？

DMやレシートは即捨てでスッキリ

日々仕事で使う書類を整理整頓するだけでも大変なのに、一方的に送られてくるダイレクトメール（DM）に、労力や時間を費やしている場合ではありません。

私が帰宅してまず行うのは、ポストに投函されたDMの処理です。むずかしいルールを決めているのではありません。DMは、基本即捨てる。これだけです。

顔なじみの店員さんの自筆の記名があったり、サンプルが同封されていたり、セールのお知らせを受け取ったら、「とりあえず取っておくか」と考える人も多いでしょう。

しかし、その場で中身を確認して「必要か不要か」を判断し、不要ならば即自宅マンションの玄関に設置されているゴミ箱に捨てるのがマイルールです。

迷うものは3秒考えて結論を出していますが、「迷ったら捨てている」のが実態です。

クレジットカードや公共料金などの明細が入った封筒も、その場で開けて、同封されている催事の案内や勧誘の類いはＤＭと同様に即処分しています。明細書は、速やかに確認して、内容に問題がなければバインダーに入れ5年間保管。医療費控除などで税務上必要なケースを除いて、レシートも即捨てます。ポストに投函されているはがきやＤＭ、封書の中で、部屋に戻って読むのは友人や知人などから届いたものだけです。

整理整頓の一環として、とりあえず保管スペースを用意している人もいますが、私は反対です。経験と周囲の方の例から申し上げるのですが、とりあえず保管スペースをつくっても、先に取得したものから順にきちんと処理する「先入れ先出し方式」ができる人など稀。多くの人は、保管スペースが満杯になったら、確認するのも面倒だからそのまま捨ててしまいがちです。だったら、最初から即捨てましょう。そのほうがデスク周辺に余計なモノがなく、気持ちよく仕事ができます。

封書、はがき、ＤＭに「保管スペース」は要らない。

必要を感じた書類も1カ月をめどに捨てる

「ＤＭの類いは即捨てる」をセオリーにしている私ですが、必要性を感じた書類、印刷物、手紙もごく一部を除いて1カ月をめどに捨てています。

必要性を感じたモノも、再び1カ月でふるいにかけているのです。

だからといって、私はいわゆる〝断捨離〟を推奨しているのではありませんし、「何でも捨てればいい」と考えているわけでもありません。私が書類や手紙で決めている捨てる基準は「テンションが上がるかどうか？」。最終的にはこの点だけです。

すると、1カ月を超えて手元に残っているのは、読者から頂戴した手紙やはがき、違う業界で働く友人から届いた手紙ぐらいになります。

読者から頂戴した手紙やはがきには、著書の感想や疑問点、本に書いてあることを実践したらこうなった、次はこんな本を書いてほしいというような、具体的な示唆がたくさんあります。

違う業界で働く友人の手紙からは、自分では知り得ない情報が含まれていることが多いですから、1カ月を超えても大切にするのです。

こうしたモノは、折に触れ読み返しては、仕事に活かしています。

さらに、パソコンも、フォルダやメールボックス、写真に関しては、起動したとき今の自分に必要でないと判断したら即消去します。過去に執筆した原稿のデータも、書籍になったモノはすぐに消去です。図表やアンケート等の「旬」が求められるモノは、原稿やSNSなどで情報を発信したら、即捨てます。

そのため、私のパソコンの中身は、スッキリしたものです。

パソコンには膨大な情報やデータをため込めますが、「どこに何があり、どう活かすか?」を把握できない容量を超えたモノは、いっさい残さないようにしています。

パソコンと脳は連動していると考えているからです。

情報は1カ月の猶予期間でふるいにかける。

デスク周辺にあってはならないモノとは

先日うかがったあるオフィスでのこと。管理職の男性のデスクに缶入りのナッツがいくつも並んでいました。不思議に思って質問すると、ご本人曰く「アメリカ駐在時代からの習慣なんですよ」。仕事中、アイデアや企画出しに詰まったとき、仕事にのれない状態のときに、ちょっとした気分転換になるから置いているそうです。

私もナッツは好きですが、ビールやワインのおつまみに自宅に常備しているならともかく、仕事中、お菓子に手を伸ばす上司が部下の目にはどう映るでしょうか？　仕事ができる、頼りになるとは思わないでしょう。

また中高年になると健康志向が高まるのでしょう。足元には、足ツボマッサージ器や青竹を備え、健康食品やビタミン剤などがデスクに登場してくる人も多いようです。

心身の健康を維持・増進するのは、長く活躍し続けるには欠かせないことですが、デスクは仕事をする聖域。仕事にかかわらないモノが、入り込んではいけません。ほかにも、クッキーや飴、チョコレート、お土産にもらった銘菓、飲みかけの珈琲やペットボトル、薬やマウスウオッシュ、歯ブラシと歯磨き粉、タオル、鏡、リップクリーム、家族写真やペットの写真などなど。

仕事と直接関係のないモノがデスクまわりに溢れている人は、本当に多いでしょう。オフィスはおおむね8時間を過ごす滞在時間の長い場とはいえ、宿泊しても問題ないくらいの日用品がラインナップされているのは、問題ではないでしょうか。

男女を問わず身だしなみやエチケットに気を配るのは、ビジネスパーソンの心得として褒めるべきですが、仕事をする上での最優先項目ではありません。

必要なモノはポーチや透明ケースなどに入れ、デスクの引き出しに定位置を決め、しまいましょう。

そうしないと、仕事への意識が低いという印象すら与えかねないのです。

デスクは聖域、余計なモノで汚さない。

デスクのコックピット化をはかる

仕事をする上でもっともプロ意識の欠如が疑われるのは、モノや書類の紛失です。運よく見つかったとしても、探すまでに費やした時間や労力はムダ以外のなにものでもありません。

デスク周辺が整理整頓できていればこうしたミスは防げるのに、やろうとしない人は本当に多いものです。

「ミスが起きないデスク」の理想は、飛行機のコックピットのような状態です。

以前、コックピットを見学する機会がありました。足を踏み入れ驚いたのは、数百を超える計器や機器がムダなく秩序だって並んでいる様子でした。

飛行機操縦の知識がない私は、計器や機器の説明を受けても「ちんぷんかんぷん」でしたが、パイロットが緊急を要する場面で、必要な機器をムダな動きをせず操作し、ミスなく適切な行動をとることができると、十分イメージできました。

以来、探し物に費やす時間を限りなくゼロにするために、「デスクのコックピット化」を進めてきました。

個人の書類や持ち物を紛失するならばまだしも、仕事には必ず相手がいて、まだ世に出してはいけない機密事項や水面下で進めている事案があります。

進行中のプロジェクトの企画書、データ、アンケートや、クライアントから預かったサンプルなどを紛失すれば、会社の信用問題になるでしょう。

そういう事態を防ぐ意味でも「デスクのコックピット化」は、ビジネスパーソンの最重要課題だと、思うのです。

「デスクのコックピット化」の第一歩は「整理」。

整理とは、不要なモノを捨てることです。

机の上がキレイになったとしても、引き出しの中は書類で満員電車状態では、「整理」ではなく「しまった」だけ。不要なモノの廃棄から始めましょう。

そして、整理によって必要なモノだけを残したら、次はそれを「整頓」していきます。

「整頓」とは、「飛行機のコックピット」のように、明確かつ使いやすい場所に配置、収納すること。「モノの定位置」を決めることです。


一方で、成功をおさめた有名人には「デスクのコックピット化」からは、程遠い人がたくさん見つかります。

スティーブ・ジョブズ（アップル社の創業者）や、マーク・ザッカーバーグ（フェイスブックの創業者）のデスク周辺の写真を目にしましたが、お世辞にもキレイとはいえません。

物理学者のアルバート・アインシュタインや小説家の坂口安吾、米国の政治家のアル・ゴアに至っては、デスクはカオス。でも、写真や文献から考える限り、仕事に関係のないモノやゴミと呼べるモノはないようです。

聞くところによると作家の松本清張は、必要なモノはすべてデスク周りに置き、編集者との打ち合わせもそこでやっていたそうです。

それは彼流の合理的な整理整頓であり、仕事の効率を上げる術だったのでしょう。

そんな環境下で成果を出せるのは、散らかったデスクでも、優先すべきモノは上にあり、優先順位が低いモノは下にあるというルールがきっとあるから。

カオスなデスクにも、秩序があるからではないかと考えます。

デスクのコックピット化はビジネスパーソンの至上命令。

最後に残るのは自分の心身

ジャンルを問わず長く活躍し続ける人は、年齢を感じさせない、若々しい人が多いように思います。

男女問わず、スリムで肌はツルツル、髪はツヤツヤふさふさで年齢不詳。

彼・彼女らが美しい姿でいる理由はどこにあるのでしょうか。

もちろん、「お金をかけている」という理由はありますが、それだけではありません。

長く活躍し続ける人は、お金の価値を理解して上手に使う人であり、お金と同じくらい、自分の心身を大切にする人たちでもあるのです。

「身体が資本」「健康は資産」だと心底理解していますから、健康情報に精通していますし、美容オタクと呼べるような人も多く、心身のメンテナンスにはしっかりお金を使います。

どんなに忙しくても、日頃の努力を怠りません。

「心身のメンテナンス」にかけるエネルギーは、仕事に挑むときと同じレベルです。

あるアパレル企業の社長は20年来、心身のメンテナンスの一環として、早朝スイミングで1キロは泳ぐといいます。

「自社のスーツが決まるスタイルでないと、社長としておかしいよね」

「メタボで不健康な印象の社長では、社員の士気もあがらない」

そんな話をしてくれました。

自動車販売に携わるある男性は、接待や会食など外食の機会が多くどうしてもオーバーカロリーになってしまうので、時間の自由が利く早朝ジョギングで汗を流し、消費するように心がけているといいます。また健康診断は年に3回以上。歯の検診とクリーニングも欠かさないそうです。

美容鍼や指圧で癒やしと血行促進をはかり、月に2回のエステはどんなことがあっても欠かさないと、心身のメンテナンスを、スケジュールを決める際の最優先項目にしている女性もいます。ビジネスの最前線にいる方です。

83歳になる知人（音楽産業の会長）は、移動は車が基本ですが、会社では滅多にエレベーターを使いません。

会社にお邪魔したことがありますが、8階にある役員室まで階段で上ります。

その姿は「無理して歩く」のではなく、「姿勢を正してきちんと歩く」。

お供した私は、必死に歩いているのに……。驚愕です。

その足元を見ると、ウォーキングシューズ。車で会社に着くと革靴からウォーキングシューズに履き替え、8階まで上り、役員室に着くと革靴に履き替えるのです。


心身は正直です。手をかければきちんと応えてくれます。

心身を大切にしていると、その充実ぶりは外見にもあらわれます。

「やりたいことを全部やる！」ためにも、心身のメンテナンスを心がけたいものです。


心身のメンテナンスはビジネスの一環。

人生の最期に大切にしたいことは？

命あるもの、いつかは最期を迎える。

「やりたいことを全部やる！」人は、そのことを受け入れ、生きるモチベーションにしています。

死はコントロールできないが、自分の人生はコントロールできるのです。

そのためには、今自分にとって大事にするべきモノ、役立つモノは何かを見極め、とことん大切にしています。それが本当の幸せにつながるからです。

大事にするべきモノはもちろん人それぞれです。

ある人は、家族の写真や10代から書き続けている日記、お父様の形見、思い出が詰まった時計。

ある人は、愛用のペン、スマホ、自分への感謝が綴られたカード、尊敬する人から褒められた服。

ある人は、健康、家族との時間、お金……。

大事にするべきモノは、人それぞれ違っていい。正解なんてないのです。

幸せは、誰かから与えられるのではなく、自分でつくっていくものだからです。


それがあるから、頑張れる。

そのモノがあるから、やる気が湧く。

そのモノの存在が自分を鼓舞する。

そんなプラスのエネルギーがあふれるモノを味方にすれば、目標を達成し夢を叶え、希望を抱いて人生を歩んでいけます。


大事にするべきモノがわかっている人は、理想だけを追わず地に足がついていきます。

ときには、不可能な憧れを抱くこともありますが、必要以上にそれにとらわれたり、道を見失うようなことはありません。

大事なモノがいい意味で歯止めになって自然と軌道修正をする。

多くの人が「モノ」に縛られる人生を送る中で、大事なモノが人生の道標になるのです。


最期の日にお墓に入れたい「人生の大切なことリスト（目録）」があるとしたら、それは何ですか？

それが実現できたら、あなたは人生で「やりたいことを全部やった！」といえるのです。


大事なモノが人生の道標になる。

図4-2

あなたが最期の日にお墓に入れたい
「人生の大切なこと」を書き出してください。

・

・

・

・

・

・

・

・

・

・

本書は書き下ろしです。